浙江哪里好玩

李游 著

全省928个景点
无滤镜实景排行

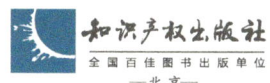

知识产权出版社
全国百佳图书出版单位
—北京—

图书在版编目（CIP）数据

浙江哪里好玩 / 李游著. --北京：知识产权出版社，2022.7
ISBN 978-7-5130-8169-6

Ⅰ.①浙…　Ⅱ.①李…　Ⅲ.①旅游指南—浙江　Ⅳ.①K928.955

中国版本图书馆CIP数据核字（2022）第080985号

内容提要

作者独自开车游览了浙江省11个地级市的90个县区，到访了浙江省内所有的景区、公立博物馆、全国重点文物保护单位、特色村落，总行程4万多公里，总结出这本游记，并根据作者的直观感受，给出评分，对想要去浙江旅行的读者具有参考价值。

责任编辑：卢媛媛　　　　　　　　责任印制：刘译文

浙江哪里好玩
ZHEJIANG NALI HAOWAN

李　游　著

出版发行：知识产权出版社 有限责任公司		网　　址：http://www.ipph.cn	
电　　话：010-82004826		http://www.laichushu.com	
社　　址：北京市海淀区气象路50号院		邮　　编：100081	
责编电话：010-82000860转8597		责编邮箱：luyuanyuan@cnipr.com	
发行电话：010-82000860转8101/8102		发行传真：010-82000893/82005070/82000270	
印　　刷：北京建宏印刷有限公司		经　　销：新华书店、各大网上书店及相关专业书店
开　　本：720mm×1000mm　1/16		印　　张：19.25
版　　次：2022年7月第1版		印　　次：2022年7月第1次印刷
字　　数：266千字		定　　价：86.00元
ISBN 978-7-5130-8169-6			

出版权专有　侵权必究
如有印装质量问题，本社负责调换。

序一
PREFACE

看起来很长的一辈子，不知不觉中，很快就会进入老年阶段。人生，还是要有点追求，要不然，等我们老的时候，回望这一生，才发现自己一直碌碌无为，这应该是一件让人沮丧的事情。

我一直在追求有意义的人生，或者说，我一直在追寻人生的意义。不论怎样，我觉得，只有给这个世界作出贡献的人生，才可能是有意义的人生。

我喜欢旅游，最喜欢自驾游。2019年中秋节，在独自开车走遍进藏的六条路线后，我心生宏念，决定用余生30年，自驾游遍中国所有的文旅景点，并完成30本"哪里好玩"，组成一个系列游记，从而留下一套全面翔实的中国游记丛书。

中国有2800多个县级行政区，5000多个全国重点文物保护单位，1500多个4A级以上景区，3000多个公立博物馆，3000多个特色村落，分布在960多万平方公里的30多个省区市里。迄今为止还没有一个人，把所有这些文旅景点都走遍，并写出全部的游记。

我要做这个人！这，就是我的人生梦

想，我要用30年的时间，游遍所有的文旅景点，并给出排行榜。

如果你想知道中国哪里好玩，那么，我所提供的各种排行榜会对你有直接的帮助。我不敢说我给出的排行榜和评价是最客观的，但一定是最真实的。因为，这里面的每一个景点，我都去游览并亲身感受过。需要说明的是，因为我秉持"人是万物的尺度"这一观点，所以，我更偏爱人文历史性强的景点。

从2019年12月开始，到2021年4月结束，我用了一年多的时间，自驾4万多公里，游遍了浙江省所有11个地级市90个县区的928个文旅景点。平均下来，每天大概会游览两三个景点。每个景点，我都会写一篇游记，拍一些照片，并在当天晚上发到我的微博上。其中感觉比较好的游记，按照我当时游览的先后顺序，都已收录在本书中，希望能给旅游爱好者们有益的参考。

序二 关于『李游指数』的说明

PREFACE

李游指数，是用来表示我对一个景点的评分。需要说明的是，不论我对一个景点的评分是高还是低，都只是我个人的主观感受，不能全面客观反映这个景点的真实情况。

对于评分的高低，主要是基于我当时游览的直观感受，感觉好的，给高一些的评分，感觉不好的，给低一些的评分。同时，我也会把这个景点（城市），跟我游览过的景点（城市）进行综合对比，看看它在同类景点（城市）中，大概有个怎样的位置。

选择用李游指数是因为，使用数字有利于排名。全国文旅景点有两万多个，其中有不少景点给人的感受可能差不多，这样就会导致有许多景点的评分是相同的。为了避免同样分值的出现，李游指数采用百分制，并在小数点后保留三位。

1. 90.000——100.000。

这个区段的评分，用于我极为喜欢的景点，参观感受极为愉悦。

2. 80.000——89.999。

这个区段的评分，用于我比较喜欢的景点，参观感受还不错。

3．70.000 —— 79.999。

这个区段的评分，用于我有一点点喜欢的景点，但参观感受一般。

4．60.000 —— 69.999。

这个区段的评分，用于我不太喜欢、有点失望、没有什么收获的景点。

5．50.000 —— 59.999。

这个区段的评分，用于我不喜欢、很失望、毫无看点和收获的景点。

6．0.000 —— 49.999。

这个区段的评分，用于让我心生厌恶、感觉糟糕极了、想马上离开的景点。

目录

001/	浙江省旅游景点概况
011/	丽水市
049/	杭州市
119/	嘉兴市
133/	绍兴市
153/	宁波市
175/	衢州市
189/	金华市
219/	台州市
237/	温州市
261/	湖州市
285/	舟山市

浙江省旅游景点概况

浙江经济的发达，主要体现在民营经济上，老百姓的富裕程度不仅高，且比较均衡。浙江不仅经济发达，社会管理水平也较高。浙江自2005年开始，持续对全省农村的环境进行整治和美化，投入了大量资金人力，使农村环境干净舒适。

浙江省，位于中国东南沿海，面积约10.55万平方公里，山区居多。人口近6540万人，经济发达。

浙江的考古事业做得非常好，对于距今一万年到距今四千年期间的史前史，已经形成了非常连贯的文化序列，分别是：上山文化，跨湖桥文化，河姆渡文化和马家浜文化，良渚文化。就目前的考古发现来看，浙江这片大地上的先民所创造的文明程度，绝不落后于当时华夏大地上任何一个文明。

2500年前，在中原大地进入春秋战国时期的时候，位于今浙江的越国也有过繁荣，之后，越灭吴，又被楚灭，最终，和其他小国一起，都成为秦始皇的天下。东汉时期，上虞的王充，成为在那个时期史书上留下姓名的出自今浙江地区的思想家和哲学家。

公元4世纪，中国历史进入南北朝时期，自北方南迁至南京建立东晋的司马睿，带动很多北方士绅大族为躲避战乱到江南各地安家，其中就有谢灵运、谢安、王羲之等人。

南宋时期，更多的北宋富贵阶层选择来江南定居。在此之前，多以中原地区为政治经济文化中心，而南宋之后，江南地区成了富庶的代名词。

即使到了今天，我们也都觉得浙江是个富裕的地方。

浙江经济的发达,主要体现在民营经济上,老百姓的富裕程度不仅高,且比较均衡。浙江不仅经济发达,社会管理水平也较高。政府廉洁亲民,服务意识和营商环境都不错。特别难得的是,浙江省的农村管理在全国范围内也是较为领先的。浙江自 2005 年开始,持续对全省农村的环境进行整治和美化,投入了大量资金人力,使农村环境干净舒适。不论是城市郊区的村庄,还是大山深处的村落,我去过的每个村子都有干净的公共卫生间,见到的每个农户家里都有带抽水马桶的厕所。因为浙江人民不怕吃苦,聪明能干,富裕户也多。所以,在浙江农村,经常可以看到非常漂亮的自建别墅,在一片青山绿水之中,漂亮极了,真是让人羡慕。

浙江好看的村落很多,既有现代感十足的别墅群,也有大山深处的世外桃源。我走遍浙江的 200 多个村落,选出了 20 个旅游体验感较好的村落,排名如下:

1
大济村
李游指数
97.789

丽水市庆元县

2
龙井村
李游指数
94.011

杭州市区

3
河阳村
李游指数
93.433

丽水市缙云县

4
横坑村
李游指数
92.384

丽水市松阳县

5
南浔古镇
李游指数
89.965

湖州市南浔区

6
八都岕景区
李游指数
89.227

湖州市长兴县

7
芦茨村
李游指数
88.175

杭州市桐庐县

8
里桐坞村
李游指数
87.824

杭州市区

9
新叶村
李游指数
87.795

杭州市建德市

10
东梓关村
李游指数
87.324

杭州市富阳区

11
梅家坞
李游指数
86.784

杭州市区

12
西坑村
李游指数
86.747

丽水市松阳县

13
独山村
李游指数
86.674

丽水市遂昌县

14
月山村
李游指数
86.637

丽水市庆元县

15
小舟山村
李游指数
85.997

丽水市青田县

16
吴布村
李游指数
84.956

丽水市景宁县

17
指南村
李游指数
84.389

杭州市临安区

18
黄杜村
李游指数
84.177

湖州市安吉县

19
龙现村
李游指数
84.024

丽水市青田县

20
文村
李游指数
83.998

杭州市富阳区

浙江省内寺院众多，几乎每个县都有几座，我选择有代表性的进去参观。好的寺院，不仅可以看到各种造型的塑像，还可以看到富有佛教文化的各种建筑。去游人不多但也不破败的寺院里悠闲地逛逛，感觉挺好的。我去过浙江省内近百所寺院，选出了旅游体验感较好的10个寺院，排名如下：

1
普陀山宝陀讲寺
李游指数
92.444
舟山市普陀区

2
法华寺
李游指数
90.644
湖州市吴兴区

3
径山寺
李游指数
89.859
杭州市余杭区

4
灵隐寺
李游指数
87.111
杭州市区

5
龙兴寺
李游指数
84.737
台州市临海市

6
天童寺
李游指数
83.710
宁波市区

7
阿育王寺
李游指数
83.680
宁波市区

8
国清寺
李游指数
83.441
台州市天台县

9
雪窦寺
李游指数
82.436
宁波市奉化区

10
延福寺
李游指数
82.044
金华市武义县

除了那些商业色彩浓重的各类"主题公园",浙江景区的收费大多都不贵,尤其是温州,很多景区的收费很是实惠。我选出 10 个旅游体验感较好的景区,排名如下:

1
西湖景区
李游指数
99.558

杭州市区

2
观音法界
李游指数
98.319

舟山市普陀区

3
江心屿
李游指数
92.933

温州市区

4
雁荡山景区
李游指数
92.756

温州市乐清市

5
普陀山景区
李游指数
92.444

舟山市普陀区

6
仙都景区
李游指数
91.617

丽水市缙云县

7
兜率天景区
李游指数
90.823

绍兴市柯桥区

8
百丈漈景区
李游指数
90.600

温州市文成县

9
台州府城墙
李游指数
90.009

台州市临海市

10
根宫佛国景区
李游指数
89.707

衢州市开化县

我国的文物保护体制比较健全，各级政府都公布有不能移动文物的保护名单，分为国家级、省级、市级、县级。截至 2020 年，最高级别的全国重点文物保护单位，国家已公布了八批，共计五千多个。这些文物包括古代遗址、古建筑、古墓、石窟石刻、近现代史迹和建筑。浙江全省共有 279 个全国重点文物保护单位，我全部走访到了，选出了 10 个参观价值比较高的全国重点文物保护单位，排名如下：

1
西泠印社
李游指数
99.780

杭州市区

2
上山遗址
李游指数
90.920

金华市浦江县

3
时思寺
李游指数
90.282

丽水市景宁县

4
王守仁故居
李游指数
89.892

宁波市余姚市

5
飞英塔
李游指数
88.944

湖州市吴兴区

6
岳庙
李游指数
88.934

杭州市区

7
兰亭
李游指数
88.706

绍兴市柯桥区

8
保国寺
李游指数
88.208

宁波市区

9
印山战国王陵
李游指数
87.901

绍兴市柯桥区

10
南宋石刻公园
李游指数
86.909

宁波市区

浙江境内山区多，分布着大小众多山脉。我选出了10个山水秀丽、值得一游的风景区，排名如下：

1
雁荡山景区
李游指数
92.756

温州市乐清市

2
仙都景区
李游指数
91.617

丽水市缙云县

3
神仙居景区
李游指数
89.205

台州市仙居县

4
中雁荡山景区
李游指数
88.902

温州市乐清市

5
江郎山景区
李游指数
88.205

衢州市江山市

6
大明山风景区
李游指数
86.981

杭州市临安区

7
方岩景区
李游指数
86.466

金华市永康市

8
仙华山景区
李游指数
86.252

金华市浦江县

9
石桅岩景区
李游指数
86.133

温州市永嘉县

10
磨心山景区
李游指数
86.011

舟山市岱山县

浙江的博物馆很多，不少县城都有不错的博物馆。经过亲身游览体验，我选出了10个具有旅游价值的博物馆，排名如下：

1
良渚博物院
李游指数
95.783

杭州市余杭区

2
跨湖桥遗址博物馆
李游指数
93.479

杭州市萧山区

3
浙江省博物馆孤山馆区
李游指数
89.981

杭州市区

4
浙江自然博物馆
李游指数
89.557

杭州市区

5
马家浜文化博物馆
李游指数
89.100

嘉兴市区

6
中国茶叶博物馆
李游指数
89.042

杭州市区

7
中国丝绸博物馆
李游指数
88.997

杭州市区

8
武义博物馆
李游指数
88.994

金华市武义县

9
安吉浙江自然博物馆
李游指数
87.661

湖州市安吉县

10
中国木雕博物馆
李游指数
87.579

金华市东阳市

丽水市

丽水市共有95个景点,给我留下深刻印象的,是丽水的村落风光。

村庄里随处可见有着几百年历史的古建筑,让游走其中的观者,既恍若隔世,又备感激励。

看着当地居民淡然悠闲的生活,你会发现,这种不收费、游客少、有故事、有古建的村落,是多么值得一来。

丽水市，位于浙江省南部，南边是福建省，东边是温州，北边是金华，西边是衢州。面积1.7万多平方公里，绝大部分都是山区，平原极少。丽水是地级市，下辖七县一区，分别是：庆元县、景宁县、云和县、遂昌县、松阳县、青田县、缙云县和市政府所在的莲都区。代管一县级市，龙泉市。全市总人口约270万人。丽水的知名度不太高，全国人民熟知的丽江市，那是云南省的地级市。

丽水市共有95个景点，我用了28天来游览和体验。给我留下深刻印象的是丽水的村落风光。我去了这里的29个古村落，大多都很不错。松阳县古村落最多；松阳县的横坑村颇具原始风格，美丽极了；缙云县的河阳村虽然是个景区，但其有着丰富的古建筑和众多的人文故事。

最让我难忘的还是庆元县的大济村。人，是万物的尺度。古建筑，古村落，古镇，除了景观带来的美感，更重要的，是曾经生活在这里的人是否给我们留下了动人的故事。大济村不仅有千年前的开创者吴崇熙耕读传家，最终让大济村成为进士村的感人传说，也有当代老

人吴式求感人的求学故事。吴式求虽然只上过小学，但通过刻苦努力，在县城的小工厂也获得了省劳动模范和全国五一劳动奖章。退休后，他通过一次偶然的机会，开始研究庆元方言，几经努力，出版了三部学术专著，并获得了业内专家的高度认可。一个位于两省交界、大山深处的小村庄，村里人秉持了上千年的孜孜不倦、追求上进的精神，让人分外感动。村庄里随处可见有着几百年历史的古建筑，让游走其中的观者，既恍若隔世，又备感激励。看着当地居民淡然悠闲的生活，你会发现，这种不收费、游客少、有故事、有古建的村落，是多么值得一来。我还担心自己去的时候兴致太高，给了大济村偏高的评价，有失客观，所以，特地在游览完整个丽水市后，又专程去了大济村一次，结果第二次游览依然给了我极大的精神享受，让我可以安心地把大济村推荐给大家——但愿不会有旅游团去大济村，那一定会破坏这里安谧的气氛。这样的地方，最好还是独自漫步其中，静静地感受。

我把丽水市所有95个景点进行了排名，希望能为读者提供参考。

1
大济村
李游指数
97.789
庆元县

2
河阳村
李游指数
93.433
缙云县

3
横坑村
李游指数
92.384
松阳县

4
仙都景区
李游指数
91.617
缙云县

5
时思寺
李游指数
90.282
景宁县

6
黄家大院
李游指数
87.178
松阳县

7
西坑村
李游指数
86.747
松阳县

8
独山村
李游指数
86.674
遂昌县

9
月山村
李游指数
86.637
庆元县

10
古堰画乡景区
李游指数
86.181

莲都区

11
丽水城区
李游指数
86.071

莲都区

12
小舟山村
李游指数
85.997

青田县

13
汤显祖纪念馆
李游指数
85.994

遂昌县

14
龙泉城区
李游指数
85.923

龙泉市

15
处州公园
李游指数
85.675

莲都区

16
青瓷博物馆
李游指数
85.562

龙泉市

17
龙泉宝剑厂
李游指数
85.114

龙泉市

18
吴布村
李游指数
84.956

景宁县

19
龙现村
李游指数
84.024

青田县

20
清真禅寺
李游指数
83.290

青田县

21
南尖岩景区
李游指数
83.171

遂昌县

22
双童山景区
李游指数
83.102

松阳县

23
丽水博物馆
李游指数
82.877

莲都区

24
下樟村
李游指数
82.864

龙泉市

25
应星楼
李游指数
82.829

莲都区

26
杨家堂村
李游指数
82.829

松阳县

27
金矿景区
李游指数
82.827

遂昌县

28
砾背村
李游指数
82.544

缙云县

29
南明山
李游指数
82.388

莲都区

30
梅源梯田
李游指数
82.221

云和县

31
千佛山景区
李游指数
82.019

遂昌县

32
大柘镇茶园
李游指数
81.867

遂昌县

33
岩下村
李游指数
81.783

缙云县

34
松阳县城
李游指数
81.749

松阳县

35
千峡湖景区
李游指数
81.659

青田县

36
青田县城
李游指数
81.604

青田县

37
师姑田村
李游指数
80.607

缙云县

38
兰溪桥
李游指数
80.516

庆元县

39
灵山寺
李游指数
80.461

莲都区

40
独山

李游指数
80.371

松阳县

41
大窑龙泉窑遗址

李游指数
80.359

龙泉市

42
安仁镇永和桥

李游指数
80.063

龙泉市

43
缙云县城

李游指数
79.934

缙云县

44
西洋殿

李游指数
79.927

庆元县

45
石门洞景区

李游指数
79.833

青田县

46
遂昌县城

李游指数
79.826

遂昌县

47
鞍山书院

李游指数
79.679

遂昌县

48
九龙山景区

李游指数
79.411

景宁县

49
咏归桥

李游指数
79.392

庆元县

50
白云森林公园

李游指数
79.252

莲都区

51
两弄一背

李游指数
78.963

莲都区

52
延庆寺塔

李游指数
78.746

松阳县

53
石仓古民居群

李游指数
78.483

松阳县

54
考坑古村

李游指数
78.281

青田县

55
厦河塔
李游指数
78.045

莲都区

56
龙泉山景区
李游指数
77.889

龙泉市

57
上田村
李游指数
77.824

龙泉市

58
西溪村
李游指数
76.859

莲都区

59
浙大龙泉分校旧址
李游指数
76.482

龙泉市

60
牛路坑村
李游指数
76.202

青田县

61
青田石雕博物馆
李游指数
75.804

青田县

62
景宁县城
李游指数
75.461

景宁县

63
九龙国家湿地公园
李游指数
74.767

莲都区

64
小佐村
李游指数
74.538

景宁县

65
中山路
李游指数
74.363

莲都区

66
詹宝兄弟进士牌坊
李游指数
73.904

松阳县

67
神龙谷景区
李游指数
73.704

遂昌县

68
陈宅村
李游指数
73.463

青田县

69
畲乡之窗景区
李游指数
73.382

景宁县

70
深垟村
李游指数
73.117

景宁县

71
山下阳村
李游指数
72.944

松阳县

72
华严塔
李游指数
72.416

龙泉市

73
温溪古榕群
李游指数
72.411

青田县

74
界首村
李游指数
72.387

松阳县

75
云和湖
李游指数
72.318

云和县

76
安豫线
李游指数
71.013

龙泉市

77
廊桥博物馆
李游指数
70.573

庆元县

78
云和县城
李游指数
68.854

云和县

79
庆元县城
李游指数
68.324

庆元县

80
太鹤山公园
李游指数
67.319

青田县

81
小顺村
李游指数
66.457

云和县

82
青瓷小镇
李游指数
63.457

龙泉市

83
东西岩景区
李游指数
63.367

莲都区

84
灵鹫寺石塔
李游指数
62.545

莲都区

85
宝剑博物馆

李游指数
62.381

龙泉市

86
缙云博物馆

李游指数
62.124

缙云县

87
松阳博物馆

李游指数
61.334

松阳县

88
百山祖景区

李游指数
61.101

庆元县

89
姓潘村

李游指数
60.764

缙云县

90
大木山茶园

李游指数
58.751

松阳县

91
畲族博物馆

李游指数
53.273

景宁县

92
黄龙山景区

李游指数
53.231

缙云县

93
中国木炭博物馆

李游指数
46.001

遂昌县

94
云和银矿遗址

李游指数
45.011

云和县

95
万福宫

李游指数
42.801

青田县

大济村（李游指数：97.789）

　　这是一个可供游客免费参观的古村落。

　　这里游人很少，都是本村人在居住，没有经过商业开发。大多数房子是中华人民共和国成立以后盖的，是夯土墙木砖瓦结构。也有一些古建筑，是明清时期的老房子，甚至还有始建于宋朝的宗祠。还有两座廊桥，一个是国保单位的甫田桥，另外一个是双门桥。双门桥，是大济村辉煌历史起点的见证。

　　宋朝初期，一位叫吴崇熙的读书人举家迁徙到这个地方。他怀才不遇，便把所有希望都放到了4个儿子身上。大儿子高中进士，成为朝廷命官。在古代中国的任何一个村子里，这都是天大的喜事，因此，大济村的村民在村口这座桥上，树立了一个牌坊式的门，以示庆祝和恭贺。十年后，吴崇熙的二儿子又高中进士。兄弟双双金榜题名，一门双士，更是难得。于是村民在桥的另一头，又立了一个牌坊门。从此，这座桥就改叫双门桥。

　　榜样的力量是无穷的，从此，全村人都开始重视教育。结果，这个几百人的小村子在宋朝的两百多年里，居然高中了25名进士，因此被称为进士村。大济村的吴氏家族也成为宋朝的一个名门望族。古代婚姻讲究门当户对，所以，大济村吴氏家族的姑娘们也大都嫁入豪门。宋朝有两位宰相都是大济村的女儿所生，浩然正气的文天祥，便是其中之一。吴氏族谱，就是由文天祥做的序。

大济村里现存的几座明清时期大户人家的住宅，都被冠以"堂"的名字，比如玉洁冰清堂、聿新堂、修德堂等。因为这里地处大山深处，衢州南孔后裔曾来大济村躲避战乱，病逝后葬于村旁。

在吴氏祠堂里转悠的时候，我被主厅墙外的内容吸引住了。那应该是报纸上的一篇新闻报道，很多字，密密麻麻的。看了一会儿，了解到一个当代的故事。

吴式求，1936年出生的大济村人，上过小学。后来在县城一些单位上班，做普通职员和技术员。因为刻苦好学，工作用心，有一些技术上的改进和贡献，因此，获得过浙江省劳动模范和全国五一劳动奖章。对于一个农村出身、只上过小学、在小县城里工作的人来说，一生能取得这样的成就，已经很厉害了。

1996年退休后，吴式求无意间从报纸上看到一个日本学者在研究庆元方言，认为庆元方言很有学术价值。他没有想到，说了一辈子的庆元话，里面竟然大有文章。他决定开始研究庆元方言。他投入了全部精力，在几年内，克服无数困难，取得了巨大的成就。他先后出版了三部关于庆元方言的学术专著，并得到相关专家的高度认可。

一位几乎没有学历的退休老人，居然跨界到学术领域且取得成就，真是值得敬佩！

所以，我对大济村充满了好感。上千年的历史，丰富的人文故事，风貌依旧的古建筑和当代的励志人物，这些都是中国古村落中不多见的。

我担心自己给大济村的评价和评分太高，所以，2020年1月7日下午，专程从丽水市区开车，再次前往。这次又转了一圈，感觉还是很好。在吴氏祠堂后院的陵园里，发现了两棵近千年的古树。

这里的慎修堂，建筑的外表保留最初的式样，只在内部做了现代化的装修，改造成一个茶社，古色古香。除我之外没有别的消费者，也没看到工作人员，灯却都亮着，还放着音乐，整个房子充满了生气和灵性。安静的院子里，我独自站在天庭中央，仰望着头上的蓝天和白云，不知道为什么，竟然流下了眼泪。也许，是一种感动吧。

谢谢你，大济村，一个月之内，我去了两次，你都给了我极大的兴奋与喜悦。

这个村庄的感觉，好极了。可能是因为好几天都没有这么好的太阳，也可能是好久没有来到山村里了。

这是一个在群山中的小山村，有点世外桃源的感觉。在村子的介绍里，也有类似的故事，不知真假。村子很干净整洁，有山有水。一条清澈见底的小河从村旁流过，村里基本没有什么游客，当然，也不收门票。本地人在悠闲地晒太阳和打牌。我沿着小溪从头走到尾，逐一看到了那4座桥：来凤桥、白云桥、如龙桥、步蟾桥。除了白云桥是省级保护文物以外，其他3座桥都是国家级重点保护文物。

月山村（李游指数：86.637）

其中的如龙桥已有400年的历史了，还保持着最初的样子，只在1998年的时候局部整修过。难怪它在2001年的时候，就已经成为中国木拱廊桥中的国保文物。据说，这个桥的名字，是当地一个名叫吴之球的7岁神童在他父亲膝盖上写的。月山村的吴姓人家，据说和大济村的吴姓人家一样，都是唐朝时从西安迁徙来的吴姓官员的后人。吴姓，也是庆元县的第一大姓，姓吴的人占全县人口的三分之一。

我站在修建于400年前的如龙桥上，看着旁边小学操场上在阳光下玩耍的孩子们，恍若隔世。希望他们中间，也能出几个神童。

从如龙桥下行几十米，有一个横在小溪中的石桩。我站在这里，回望如龙桥，只见它后面远处的山，近处的村庄，与如龙桥互为映衬，一片静谧的田园风光。岸边的高树枝干挺拔，树影倒映在小溪里，此情此景，真是美极了。初冬暖和的阳光洒在我身上，我已陶醉其中，不愿醒来。

看到当地很多人在门口马路上生火，烧刚砍伐下的新鲜枝叶，燃起滚滚浓烟，我很是不解。忍不住问了当地人，这是在干吗呢？他们说，是为了做黄粿。这种绿色的灌木，只有当地才有。用燃烧后的灰烬过滤出的水，与大米磨制的粉一起，可以制作黄粿，这是当地冬天一种特有的美食。黄粿的模样，类似于黄色的年糕。

村口的吴文简祠，也是全国重点文物保护单位。

从景宁县县城出发，大约五六十公里，开车一个多小时才到达这个叫云中大漈的景区。它位于景宁县大漈乡。门票40元，步行十几分钟，就到了时思寺。检票进入，马上被震撼了。小小的院落里，有4棵已经存活了1500年的古树。1500年啊，太难得了。其中，两棵树干已是空的。

时思寺，是全国重点文物保护单位。相传，距今800多年前的南宋，当地一

时思寺（李游指数：90.282）

个叫梅元屃（xì）的6岁小孩，他爷爷死了。孩子很懂事，提出按照儒家传统礼仪，为爷爷守孝三年。他父亲很支持，就在他爷爷的墓地旁边建了一个茅草屋，专供这孩子守孝。这种事情，即便是放在一个成年人身上，也算有孝心了，更何况是一个6岁的孩子。所以，消息很快就传到了皇帝宋高宗那里。宋高宗得知后也很感动，下旨给这个孩子专门修了个院子，以成全他的孝心，并赐名"时思院"。后来，明朝一个官员为了弘扬道教，就把这个院子的名字改为"时思道场"。再后来，又被改为"时思寺"。现在，这个院子里还有三座建筑。院子中间的大雄宝殿，距今已有800多年，是江南地区现存最完整的一座宋代古建筑。院子左侧的建筑，叫马仙宫，供奉的神仙是马夫人，据说她是唐朝时因孝顺婆婆而升仙的。这个马夫人，作为中国传统儒家孝道文化的代表，已被周边的百姓供奉了上千年。

时思寺门口，有一座全国重点文物保护单位处州廊桥之一的护关桥。时思寺的隔壁是梅氏家族的祠堂，规模宏大，保存完好，距今已有500年的历史。

这么小的一个村子，聚集了这么多的珍贵文物和历史故事，非常难得，让人感慨。

一路都是狭窄的盘山路，艰难地开到了吴布村。在村子的戏台广场停好车，问旁边的大姐，大家来你们村子能看什么风景呀？她说，梯田。好吧，可惜初

吴布村（李游指数：84.956）

冬不是看梯田的时候。大姐说，8月份收水稻的时候，村子是最美的。

我在村子里随意地溜达了一圈，很是安静闲适。沿着水泥台阶路，上到半山腰，看着山坳里的村庄和梯田，一派世外桃源般的田园风光。今天的太阳真好，暖洋洋的。大家常说靠山吃山，这里的人，并不是靠山吃山，而是把山变成田，种水稻。所以，应该是靠山吃田。人的第一需求，就是吃。河流边有一小片平地的地方，往往就会有一个村庄。人口增长，河边的小平地不够养活更多的人了，人们就会把坡度不大的山坡，开发成梯田。

云和梯田（李游指数：82.221）

云和梯田景区在崇头镇。景区正在修路，显得有些杂乱。我没有买票，只开车从整个景区穿插而过，在山顶上停车下来看了看。梯田景色确实不错。这里正在拓宽公路，并在新建缆车索道，现在看梯田要80元的门票，以后有了缆车票价应该更贵。估计旅游旺季的时候，私家车也不会让开上来。

就景区的自然景色而言，我觉得是挺好的，只是，一想到旅游旺季到处都是游客，我觉得应该就没有那个味道了。这里估计是挺出名的，很多当地人都盖了新房做农家乐和民宿。

青瓷博物馆（李游指数：85.562）

青瓷博物馆外观造型独特，是瓷瓶和窑的结合体。布展内容非常丰富，这种主题类的博物馆，能做得这么好，非常难得。我参观过国内很多博物馆，有一个心得：一个博物馆好不好的标准，就是看是否能让普通参观者看完后喜欢上这里，是否会对其布展的地区或者领域产生兴趣。以前，我对瓷器类的东西无感，或者说，一直没有什么特别的好感。但是，通过这次一个多小时的参观，我一下子喜欢上了青瓷，而且，我记住了好的青瓷，是梅青色和粉青色的。我不仅对青瓷有了好感，也对龙泉这个地方有了一种特别的好感。我去过很多地方，几乎从不买礼品。今天，我在参观青瓷博物馆的时候，尤其是到了二楼展区，看到近年那些大师们的作品，突然有一种想要把它们搂在怀里抱一抱摸一摸的冲动。通过参观，我不仅开始喜欢青瓷，而且特别想马上拥有一个这样的东西。所以，出了展厅，看到门口的商品销售区，我迫不及待地买了3套茶具。也不贵，三四百元一套，但是，看着就很喜欢。我不喝茶，所以，打算送我爸和我岳父各一套，他们两位老人都爱喝茶。另外一套，给我老婆孩子玩。这样精巧雅致的小玩意，估计她们两个都会喜欢的。

下樟村是一个很小的村子,古色古香,景色很美,像个适合旅游的好地方,但是又没有旅游景点的俗气和商业感。这种世外桃源的宁静感和旅游景点的氛围感,结合得刚刚好。过一点,会

下樟村（李游指数：82.864）

太商业化,让人反感;少一点,又会让人担心缺乏基本的设施,去旅游时体验不好。总之,这是特别好的一个小村子,适合附近的城里人来过周末,带孩子逛逛,体验一下农村的生活。

到村口,还有一个意外的收获,那就是看到一个旅游指示牌,上面写着"叶绍翁故居"。这个人,可能你没有听说过,但是,他的一句诗,所有人很熟悉：春色满园关不住,一枝红杏出墙来。多好的一句诗,却被后人提炼出一个不太好的词："红杏出墙"。指示牌显示叶绍翁故居就在一公里内,这么近的地方,当然要去看看。虽然天马上要黑了,我也要与写过这句诗的人有个"交集",去看看他住过的地方。

像叶绍翁这样的人,虽然已死去800年,我们依然记得他写的诗。尽管我们在欣赏这句诗的时候,未必知道诗人的名字,但依然不妨碍他为世界留下了这么美丽的一句话：春色满园关不住,一枝红杏出墙来。可能像叶绍翁这样给这个世界留下过东西的人,才算一个真正活过的人,甚至从哲学意义上来说,他一直都没有死。而我们,能为这个世界留下什么呢?

龙泉宝剑厂（李游指数：85.114）

大沙工业园附近有停车场，这个工业园也是旅游项目，有人接待陪同，免费介绍。我由一位工作人员带着先到厂子里参观了一圈，然后，又到展厅看了看。最好的宝剑一两万到三五万元，中档的几千元，便宜的从几百元到一两千元不等。当然，也可以不买。我挑了一把半长的普通宝剑，五百五十元。陪我参观的这位工作人员脸上立马没有了笑容。好吧，我理解，我的消费额度太低了，不配享受微笑服务。

我为什么要买一把龙泉宝剑呢？主要是两个原因。一来，是因为从小就喜欢舞刀弄剑，特别想要一把兵刃。可能是受影视作品和武侠小说的影响，很多男孩都有侠客情节，得知这里曾经是中国最好的宝剑产地，当然要花钱买一把，圆一下小时候的梦想。二来，是因为我经常一个人爬山，总是害怕遇到野兽，需要有个东西防身。买了之后，我才想，不论是遇到老虎还是狼，我靠这把宝剑活下来的可能性几乎没有，还不如带上个打火机靠谱呢。真遇到野兽，只有用打火机点燃自己的衣服——当然是先把衣服脱下来，然后扔到野兽身上，野兽被烫到了，也就惨叫着退去了。哎，想想，真是的，一块钱打火机就可以搞定的事，我却花了五百五十元来买宝剑。我们很多时候要做一件事情，总会为自己找理由。

我发现龙泉这个地方，还真是一个风水宝地啊。你看，因为这里特有的山石土壤林木和水，才造就了世界上最好的龙泉青瓷；因为这里特有的山石和水，才造就了中国最好的龙泉宝剑。青瓷，作为生活用品，可以用来饮酒品茶，作为艺术品，可以与琴棋书画相得益彰。宝剑，是勇敢、忠诚、正义的象征。这两样东西，都是古代君子的用品。所以，我觉得龙泉可以被称为"君子之城"。尽管这些离我们如今的都市人已经很远了，但是，这一次来龙泉，一下子就唤醒了我心中潜藏的那种中国男人特有的传统文化的基因。龙泉宝剑，龙泉青瓷，真是好东西。

南尖岩景区（李游指数：83.171）

还没有到南尖岩景区，就感觉这里比什么神龙谷之类要好些，因为这个景区附近的农家乐明显比其他地方多。这也是一个特征，游客多的景区，周边的商业设施自然就多。

到了景区门口，感觉就不一样，村子和周边山峰的景色，都很不错。买票进去，走玻璃栈道，价格很贵，总共要160元。不走玻璃栈道的话，门票好像是70元。这个景区在山顶上，山下有两个村子，山腰处有一大片梯田，山顶有两三个凸立的山峰。远处是群山，近处有翠竹，景色非常优美。不知道为什么，现在都是冬天了，山坡上的竹子还是翠绿色的。整个景区慢慢逛完，大概要用三个小时，运动量也不大，适合家庭出游。

汤显祖纪念馆（李游指数：85.994）

汤显祖曾经在遂昌当过知县，而且《牡丹亭》也是他在遂昌任上完成的。所以，现在遂昌政府想以此作为发展当地文化旅游的一个发力点。当地把汤显祖与西方的莎士比亚相提并论，扩大影响。因为这两个人不仅都是剧作家，还是同一年去世的。纪念馆在县政府附近的一条小巷子里，路口有一个小门楼，上面有"牡丹亭"三个字。这里有两个独立的院子，陈家大屋，现在是汤显祖纪念馆，隔壁院子则是汤公邮局。我在这里流连忘返，待了两个小时。陈家大屋是明清时期的古建筑，主人是一个大户人家，房子很大。里面有相关的展览，值得来看看。旁边的汤公邮局，前厅后院，也特别好，安静敞亮。

看了汤显祖那么多信息，引起我关注的有两个。一是他并不顺畅的科举和仕途之路，虽然少年成名，但科举和仕途都是一路坎坷。二是他深受泰州学派和佛教的影响，这种影响，也体现在他的戏曲作品里。

在汤公邮局的后院，我晒着冬日的暖阳，在廊亭下徘徊多时。我在想，为什么我们每一个人的观点和想法都不一样？我们的观点是怎样形成的？我们的观点，到底是被谁，在什么情况下影响的？

千佛山景区（李游指数：82.019）

门票 70 元，进入景区，顺着溪边平缓的步行台阶路，走个四十分钟，就到了景区中心。抬头一看，惊呆了，山顶上有一个弥勒佛的头像。走到寺庙的二楼平台，抬头仰望对面，感觉整个山体都是佛的身体，两边是肩臂，中间有两块地方的石头是裸露着的，看起来就像是弥勒佛的大肚皮。真是栩栩如生，像极了。整个峡谷又是一个半封闭的形状，看起来真是神奇。虽然能猜到这个头像是人为雕刻的，依然觉得整个形象还是很协调，有浑然一体的感觉。

走到楼下平台，看到一位僧人，和他闲聊了一会儿。他说，这个佛的头像，是后人雕刻出来的，但是，用来雕刻头像的那块巨石，本身就是和山体连在一起的。这块巨石有 33 米多高。真是神奇啊。

这位僧侣和我同岁，1978 年出生于江苏泰州。七八年前，因为离婚和母亲身体不好、自己诸事不顺等原因，加之他师父的引导，就出家了。而他师父，是乱搜一个手机号码，无意中加上他微信的。总之，他认为，这一切好像都是冥冥之中注定的。如今他父母都已过世，他现在唯一的牵挂，就是还有一个女儿，已经上高中了，跟着前妻一起生活。我请教他为什么要出家的时候，他除了给我以上诸多原因之外，还给了我一句颇具哲学意义的回答——对于世俗来说，叫"出家"，对于他们来说，应该是叫"回家"。他说，这句话是他师父告诉他的。看来，他师傅也是一位有智慧的人。

快到独山村的时候，路过一个叫焦滩乡的地方，路边很多餐馆，招牌菜都是鱼头，我猜这里的鱼头做得比较好吃。旁边的河流叫乌溪江，对面有一个村子，在公路转弯之前的地方，风景特别漂亮。对面的村庄，周边的山峰，近处的江水，组成了一幅特别美的画面。尤其是河流转弯处那几座山峰，有裸露的山石，比较陡峭，和周边看到的山体景观风格都不一样。这种不期而遇，自驾途中无意间看到的风景，给人的感觉特别好，这也许就是自驾游最大的魅力所在吧。人生最美好的，莫过于不期而遇，无论是风景还是人。

独山村（李游指数：86.674）

这是一个上千年的古村，村内至今仍有明清时期的建筑，而且，有一个明朝时期修建的石牌坊，是国家重点文物保护单位，是遂昌当时的知县为死去的进士官员的父亲所立，歌颂皇帝对他父子的欣赏和恩情。村里还有一座明朝的贞节牌坊，表彰一位妇女在丈夫死后依然对婆家尽心尽力地付出。不同时代，我们都在表彰这些道德高尚的人，并把他（她）们作为我们人生修养的榜样，这有积极的社会作用和意义。从另外一个角度看，虽然这些人道德高尚，我们也认同和欣赏，但是，我们大部分人却做不到像他们一样，这是为什么呢？这是一个值得深思的问题。

黄家大院（李游指数：87.178）

　　这是一个清朝时期从江西迁徙而来的黄姓人家，通过几代人的努力，成了松阳县三个大户人家之一。这个院子，先是爷爷那一辈在大概 150 年前，盖了一个普通的大户人家的房子，然后在大概 120 年前，儿子在先前的房子后面，又盖了两个院子，最后，在 100 年前，孙子在爷爷的院子前面，又盖了一个院子。三个院子，都是花了大价钱造的，十分精致。后来人又巧妙地把它们融合成一个大院，所以，我们现在看到的这个黄家大院，就很气派。尤其是孙子在 100 年前盖的前院，木雕技艺一流，堪称木雕博物馆。它被侵华日军占有过，也被抗日战争时期的浙江省政府征用过，后来成为国民党驻军地，再后来，做过公社和学校，现在成为文物并被收归国有，大家可以花 30 块钱买门票来参观。

　　这种没人住的老房子很阴冷，出来晒了半天太阳才暖和过来。

横坑村
（李游指数：92.384）

　　这个村子在大山深处，村里的房子依山而建，层次分明，非常好看。这些房子都是改革开放前的老房子，黄墙灰瓦，风格一致，没有现代的新建筑。这里虽然没有什么历史人文故事，但是这个村子是我目前见过的所

有古村落里景色最美的。在村子对面一户人家门口有一个观景平台，站在那里刚好可以看到整个村子，还有周边山坡山峰的景色，村子与周边的自然风光非常协调地融为一体，看起来特别美。村里好像已经有一两户人家在经营民宿了，令人欣喜的是，经营者的房子并没有破坏周边景观，而是很好地融入到村子的整体形象。总之，我对这个村子的印象特别好。唯一不足之处，就是去村子路途中的一段山路，因为附近的一个水利工程在施工，路面被拉土石的工程车压得破损了。虽然不影响通行，但是尘土很大。

西坑村（李游指数：86.747）

这个村子的景色和其他古村落差不多，都是清朝时期到改革开放之前的老房子。保护得比较好，很少有现代的新建筑。非常吸引我的是，在村子里有一个叫"云端觅境"的民宿，建得特别漂亮，既有现代的落地大玻璃窗，又与旁边的老房子融为一体，一点也不显得异类，让人觉得很别致，很惊艳。院子里有一个平台，可以看到整个山谷很远的地方，视线超级好。这个民宿感觉真好。我在村子里也看到了其他民宿，还有几个正在装修。这个村子的民宿好像已经形成了口碑和规模，我感觉要不了多久，村子里至少一半的房子都会被改成民宿。我上网查了一下，这个云端觅境民宿的价格在800元到1000元一晚，相当于国内一线城市五星级酒店的价格了。当然，民宿的价格，贵就贵在既提供了高级酒店那样的高品质硬件设施和服务，同时，又能提供城市里享受不到的田园风光。所以，这也是物有所值的。

清真禅寺
（李游指数：83.290）

阜山乡的清真禅寺，总觉得名字怪怪的。看到"清真"两个字，总觉得跟"禅寺"不搭。这个地方，原来叫清真堂，是为了祭祀唐朝一位叫李泌的宰相而建。因为这个宰相在青年时期崇尚道教，"清真"二字，在唐宋时期是道教的用语。这里已有七八百年的历史，直到1984年，才改名为清真禅寺。

当年李泌在长安做宰相的时候，救过一位姓陈官员。这位官员深怀感激，并要求子孙世代铭记李泌的恩情。后来，这位陈姓官员迁居青田。到宋朝的时候，陈姓官员的一位后人得了重病，医治无望之际，在梦中得到李泌的指点并得救。因此,他选择了阜山这个风水宝地,建造了最早的清真堂以表感激。后来,附近永嘉的一户人家得了瘟疫,特地来这里求李泌的神灵保佑,结果也康复了。于是周边的老百姓都来供奉,清真堂的香火越来越兴旺。李泌是一个天资聪明但仕途坎坷的人。他第一次入仕,遭人妒忌,遂被迫害;第二次入仕,还是遭人妒忌和迫害;第三次,依然如此;直到第四次,才算稳住阵脚,并官至宰相。他这一生四次入仕,分别侍奉了唐朝的四个皇帝。他用了三次失败,才掌握到在古代朝堂上的生存之道,真是不容易。

龙现村(李游指数:84.024)

龙现村在方山乡,是有名的"田鱼村"。它和周边地区的村庄因为稻鱼共生的农业生产方式,被联合国粮农组织认定为全球重要农业文化遗产。稻鱼共生,其实就是水稻田里养上鱼。这里和浙江大部分地区一样,是山区,所以,耕地都是梯田。当天是阴天,拍出来的照片不好。而且,现在是冬季,梯田里都没有庄稼。如果是春夏季节,梯田里种满水稻,再养上鱼,阳光照耀下,一定很漂亮。如果能下田抓鱼玩的话,肯定很有乐趣。

来到这个村子,最让我印象深刻的,是这里的华侨文化。青田是侨乡,村里有很多华侨,据说有一半的人都定居国外了。村子里有很多非常漂亮的楼房，应该都是近十年内盖的。有些楼房盖得很高，四五层，有些楼房盖得很大，都快赶上城市小区里的一栋单元楼了。我很奇怪，再怎么有钱，家里也没有这么多人住呀。而且，看得出来，房子都是空的，根本没有人住。走近一看，楼下门口有4个牌子，上面写着主人的姓名。这可能是几个人合资建的，估计是为将来回国养老做准备呢。

这个村子里，凡是旅居国外的家庭，门前都有一个牌子，上面写着姓名、目前所在的国家和其所从事的职业等信息。我在村子里转了一圈，看到很多这样的牌子，有西班牙、意大利、日本、柬埔寨、葡萄牙等国家，大部分村民都是在国外做餐饮。也难怪，中餐花样多，很多外国人都喜欢。中国饮食不但种类多味道好，而且其中所蕴含的文化也不少。所以，我觉得，餐饮业是一个非常好的领域，对于个人，是去国外落脚和挣钱的谋生手段，对于国家，也是一个非常好的传播文化的窗口。

小舟山村（李游指数：85.997）

小舟山村，就在小舟山乡。从龙现村开车去小舟山，一路经过油竹镇、温溪镇和石溪镇，我发现这些乡镇的房地产项目很多，盖了不少住宅小区。走了丽水这几个县，大部分都是只有县城才有高层住宅，而在青田县的乡镇也能看到高楼大厦。看来，青田人民的生活很富裕啊。

从温溪转入盘山的小路，快到山顶的时候，"三个脑村"附近，有一个右转的小路，路口有门坊，拐进去几百米，走到尽头，是一个开放式的小院，旁边有个小阁楼叫先锋殿。从这里向外看，景色美极了。

这里可以俯瞰整个瓯江山谷。层峦叠嶂的群山，瓯江里的江心洲，还有山谷中的温溪镇，从这个视角看去，漂亮极了。

"诗画小舟山"，确实如此。虽然已是傍晚，虽然今天是阴天，虽然现在是冬季，但是，我依然感受到了她的美丽。我想，如果是春天油菜花盛开的时候，找一个夕阳灿烂的傍晚到这里来观景，一定美极了。这里视野极好，看得非常远。远处有高大的山峰，近处有深深的峡谷，中间是层层叠叠的梯田，美得难以描述。

在村子里，看到一栋大户人家的房子，好像是新建成不久，外观豪华大气，有点欧式和美式混合的风格，真的是有点震撼。

我是从省道的景区售票处买票进入的。门票好像是六七十块钱，价格合理。进入售票处后面的检票口，要乘坐景区的摆渡船横渡瓯江，到对面进入景区。石门洞景区，因瓯江南侧的两座小山峰形成一个石洞门而得名。进入景区后有一块平地，四周都是高山。向左走一两百米，就到了尽头，夏天的时候据说能看到上百米的悬崖上飘落下来一个小瀑布。因为现在是冬天，且大旱，

石门洞景区（李游指数：79.833）

没有水。"瀑布"旁边，是刘文成公祠。从入口处向前直行一百米左右，有个书院。再前行几十米，有景区内的车辆，前往山上的伯温村。

这个景区，应该说是自然风光和人文历史兼具。自然风光，是指秀丽的瓯江，险峻的山峦，壮美的瀑布，奇特的石洞和峡谷；人文历史，是指

这里最早的发现者，1600年前的诗人谢灵运，他是南北朝时期温州的行政长官，游历至此，发现了石门洞。之后，有很多文人骚客都来此游览，并留下了众多题刻。

据说，刘基青年时期曾在石门洞里的书院学习了5年。而石门洞上面的伯温村，也因为这个故事，与刘基扯上了一点关系。刘基，字伯温，是明朝的开国元勋。青田人对刘基非常敬重，这种敬重几乎已融进了青田人的文化。当地有这样一个说法，诸葛亮帮刘备，也才得到天下的三分之一，而刘基，却帮朱元璋得到了整个天下。虽然这种说法有点夸张，但刘基确实为明朝的建立立下了汗马功劳。刘基故居本在青田县，只因民国时期成立了文成县，他的故居所在地于是就从青田县变为文成县。而文成县的名字，就取自刘基的谥号"文成"二字，可见此人在这一带的影响力。他23岁高中进士，26岁进入仕途为官，一路坎坷，非常不顺，跌跌撞撞坚持到49岁，辞官隐居。50岁，又作为浙东四大著名知识分子之一，与其他三人一起，被朱元璋请去做参谋。之后，终于发挥出他的智慧和才干。

仙都景区（李游指数：91.617）

仙都景区距离县城很近，开车十分钟就到了。门票加上景区公交车车费，总共110元。因为景区很大，所以这个价格算是比较合理。

景区内，共有5个景点，分别是：小赤壁、仙都观、倪翁洞、鼎湖峰、朱潭山，顺着好溪两岸次第排列。好溪，是一条从县城旁边经过的河流，应该算是缙云县城的母亲河。之前看到过大溪、小溪，今天又有个好溪。这个名字，真是简单明了又好记。

鼎湖峰，是景区核心，在好溪岸边，是个一柱擎天的山石，高达170米，远看像一个春笋，近看，我觉得这个山石的长宽高比例，很像城市中的高楼大厦。如果给这个山体表面画上窗户，感觉它与大楼的区别，只是顶上长了几棵树。这个凸立的独峰，就叫鼎湖峰。从横跨好溪的步行桥上看，山水景色互为衬托，美景如画。

鼎湖峰旁边有一个祠，是纪念轩辕黄帝的。据说这个祠是南方非常有名的纪念轩辕黄帝的地方。穿过轩辕黄帝的祠，花40元，可以乘坐缆车上到山顶再返回。缆车比较简陋，总觉得不够安全。山顶上视野极好，可以看到远处的群山，山谷的村镇和好溪，很美。

离开这个景点，又去了朱潭山。据朱潭山的文字介绍，这里与朱熹沾点边。结果来了一看，只有风景，没看到与朱熹相关的东西。

因为倪翁洞景点有仙都摩崖题刻，是全国重点文物保护单位，所以，也专门去看了看。景区内沿着好溪这一段几公里的景色很漂亮，确实有十里画廊的感觉，而且，还建有自行车道和步行道，如果时间充分，可以先乘车游览一天，再用一天时间散散步，走一走，感觉应该很好。

该村的古建筑是全国重点文物保护单位。在村里闲逛是免费的，但如果想进几个院子里参观，则需要买票。通票价格40元。因该村创始者祖籍河南省信阳市，所以，用了"河阳"这个名字，以示对祖籍的纪念。中国人的敬祖文化就体现在这些细节上。创始者，是朱姓的二位兄弟，他们在一千年前的北宋时期，从杭州

河阳村（李游指数：93.433）

迁徙到此地。

河阳古村历经元末战争、明朝中期周边矿工起事、清末太平天国运动等战乱，村里的房屋几经摧毁，又几经重建。一部河阳村史，几乎就是近千年中国史的侧影和写照。目前，我们看到的老房子大多是两三百年前清朝时期修建的。这些老房子一般都是大户人家的豪宅大院，保护得比较好，值得一看。它们现在大多都还在使用，有当地村民在里面居住和生活。村民的新房子，都盖在村子外围，所以这个村的古建筑整体性比较强。

我们的历史中，关于帝王将相的事迹记录得比较多，而对于普通人、普通村子的事迹，记录则相对较少。然而，对于我们芸芸众生来说，普通人的故事和人生，可能更具参考和借鉴价值。我在河阳村里转悠了3个小时，看了很多古建筑及其文字介绍。其中的两个故事有点意思，值得一说。

这两个故事的主人公是爷孙俩。爷爷叫朱翰臣，年轻的时候家里也是普通条件，谈不上多富有。他勤俭持家，积累了一点钱后，买下村子旁边的荒山，然后，又攒了一些钱，就把荒山上的竹子加工成纸张。经过大半生的努力，他们家成了村里的首富。之后，他投资搞书院，全力支持儿子们读书。他的几个儿子也都争气，通过读书，大都获得了功名。爷爷的故事告诉我们，只有教育，才有可能真正改变命运。1792年，朱翰臣去世。同年，他的孙子朱虚竹出生了。朱虚竹不喜欢读书，从家里拿了3根金条出去闯世界。还好，他成功了。他把染料和纸卖到了苏杭这样的大城市，他因此成为缙云县的首富，在河阳村周边地区购置了5000多亩土地，在苏州有100多间商铺。这样的财富即便放在当今社会，也可以称为大富豪了。孙子的故事告诉我们，做贸易比做制造业，致富更快。孙子的故事还告诉我们，做生意，总是需要第一桶金的，要么靠自己努力慢慢积累，要么，你得有一个好爷爷或者富爸爸。200年前的中国，不是谁家都有3根金条可以拿给年轻人出去闯江湖的。

这是我看到的故事，我看不到的故事，可能比这更加跌宕起伏。比如，这个村子还走出过一个南宋的丞相。他又经历了多少故事呢？总之，如果你对古建筑和历史感兴趣,河阳村,是非常值得来看看的。

河阳村让我想起庆元县的大济村。大济村因为地处偏僻,没有遭受战火破坏,也没有那么多富甲一方的巨商。不知道为什么,大济村比河阳村给我的感觉要更好一些。

砾背村(李游指数:82.544)

网上有人提到砾背村,可是,百度地图上没有。幸好,在快到岩下村的路上看到了一个指示牌,上面是这个村子的名字。它的位置大概是在唐市村附近,按照指示牌转过去,爬山走到尽头就到村子了。村里非常安静,没有一个游客。我去的时候,走了很久都没看到任何人,只是惹得村子里的两条狗叫了半天。村子还是改革开放之前的模样,也都是石头墙的老建筑,感觉比岩下村更原始一些。村子比较小,也就二三十户人家吧。如果想看农村从前的模样,来这里就对了。

古堰画乡景区（李游指数：86.181）

我是上午十点左右到达古堰画乡景区的，下午两点左右离开。这个景区，逛一圈的话，大概要三四个小时。门票不贵，50元，还包含了往返的两次轮渡。整个景区分布在瓯江两岸。这个景区，有三个方面吸引人：一个是瓯江两岸秀丽的自然风光，二个是历史价值极高的古代水利工程，三个是古村古镇和古树。

古堰，是指通济堰，一个1500年前修建的水利设施。它通过修建水坝对河流进行分流，从而实现灌溉农田的目的。这个古堰的价值，在于它是世界上第一个拱形大坝，且一直使用至今。最早的时候，这个大坝是竹木结构，南宋时期改为石铁结构。自宋朝到中华人民共和国成立，通济堰历代修缮累计达39次，一直是周边几万亩良田重要的丰收保障。通济堰现在不仅是全国重点文物保护单位，也是世界文化遗产和世界灌溉工程遗产。而900年前修建的石涵，则是我国最早的立体排水工程。

通济堰附近的河渠边，几棵上千年的古樟树，更是增加了这份历史感。看着古堰和千年古树，我们似乎可以看到先辈们曾经在这里的生活。瓯江两岸的自然风光，是极美的。这里叫画乡，没有夸张，真的是风景如画。我这两天总在想，是谁基于什么缘由，把处州改名为丽水的。就我在丽水最近一个月的感受，丽水这个地方，真是可以理解为"美丽山水"的简称。

我经过松荫溪边的古贤长廊时，看到这里有一个开放式的茶廊。多云天气，微风不燥，又有冬日暖阳，近处是一溪透彻的水，对岸是叠嶂层峦，开放的亭廊形成一圈合围,中间庭院里有一个独立的亭子,里面摆着一架古筝。亭廊里摆了几张桌椅,可以坐下来歇脚喝茶。音响里播放着古筝名曲,除了服务员,一个人都没有,犹如为我而设。我坐在这里,既兴奋又平静地享受了十分钟,感觉好极了。眼里看的,耳朵里听的,还有脑子里想象的(一个美若天仙的姑娘正在弹奏古筝),都太美了,真的是太美了。

昨天我还在心里问自己,我写的游记,真的有价值吗?真的有意义吗?真的会有人看吗?但今天这一刻,一切价值和意义都不重要了。我因此事能在旅途中偶尔收获到的这些瞬间美好的感受,足矣。

处州公园(李游指数:85.675)

处州公园是丽水的"城市客厅",也是丽水市区的脸面,很漂亮。看得出来,周边都是近二三十年新建的建筑,规划设计得都很好。

丽水市政府大楼背靠白云山脉,端庄气派。丽水市政府大楼前没有空旷的大广场,而是建了一座公园,让人舒服。公园里有绿地和树荫,有长凳和台阶供大家休息。名字也取得好,叫处州公园。公园东南角,是连都区图书馆。公园东侧，是大剧院和体育中心等文体设施。

万地广场在公园南侧，是一个非常大的商业中心，我去逛过两三次。这里有四五层高，中心是一个露天的中庭，面向中庭，每一层都有露台。现代商业中心，有露台非常重要。因为大家不喜欢逛普通商场里那种憋闷的感觉。万地广场二楼的三坊口餐厅，菜的味道很好。旁边的南明印象，饭食就不怎么好吃。万地广场北侧有一家五星级酒店，我没去住过，但是，在他们酒店地下停了好多天的车，都是免费的。真好，谢谢你们！万地广场南侧，是高档小区。生活在这里的人，真幸福啊。

能在这么好的位置开发房地产的公司，肯定不一般。所以，我上网查了一下，这个公司叫万地集团，是丽水本地企业，创始人叫叶如平。在公司官网上，看了董事长致辞内容的第一句话，就觉得这个老板一定不是个土豪暴发户。这句话是这样写的：历史给了我们最好的机缘，让我们有幸拥有了一家企业，可以在这个平台上为社会做一些有意义的事情，我们由衷地感到幸福和充实。

一般来说，一篇文章或者一个人讲话，由"历史""人类""国家"等宏大角度开篇的，大多都是有思想深度和更高格局的人，而不是只为了做事而做事的人。当然，一个成功的企业家，并不一定需要这样的思想和格局。而有这样思想和格局的人，也不一定会成为一个成功的企业家，比如，我……

对了，丽水市区还有一家企业，打造的品牌也是全国闻名，那就是日化行业的纳爱斯。

应星楼（李游指数：83.829）

  应星楼在大洋路尽头的西侧，位于瓯江北岸，是丽水还是处州时的地标。应星楼于2009年重修，在楼下花20块钱购票后，可以坐电梯到楼上的阳台，观看周边风景。景色很好，很值得上来看看。只是我觉得，对于这样的地方，不应该收费。

  应星楼所在的江滨公园，建设得也特别好。除了风光好，这里还有平稳的步行道，适合散步和跑步。丽水博物馆在离应星楼不远的东边。应星楼北侧，是新建的仿古建筑，处州府城。对于这种仿古建筑群，我过去是有点反感的，总觉得有点别扭。现在看多了，想想也有它的道理。毕竟，对于古代的某些东西，如果不通过这样具体的实物展示出来，我们也不好想象。看得多了，开始觉得这种仿古的建筑和现代建筑放在一起，形成的鲜明对比，也是一种美，能够引人遐想。处州府城，就是这样的。它的周边都是现代的高楼大厦，这种对比仿佛是在告诉我们，社会的进步是多么日新月异。

  这也许就像巴黎的埃菲尔铁塔和卢浮宫的玻璃金字塔，刚开始，有人不喜欢，认为冲突感强烈，不协调。但时间久了，看习惯了，就会觉得，挺好的呀。它们甚至成了地标建筑，不可或缺了。

  什么是美，我们为什么会觉得这个东西美，可能是一个深刻的哲学话题，需要我们慢慢来思考。

杭州市

杭州市共有195个文旅景点，我用了65天来游览和感受。西湖的美，不在其外表和景观，而在其人文和历史。所以，如果你只是沿着断桥、白堤、苏堤那样绕湖走一圈，是无法理解，为何那么多人盛赞西湖的。

杭州市位于浙江省中部偏西北，面积1.6万多平方公里，除了主城区周边是平原外，其他大部分地方都是山区。作为浙江省的省会，杭州市下辖十区两县，即萧山区、富阳区、临安区、余杭区、临平区、钱塘区、拱墅区、西湖区、滨江区和市政府所在的上城区，淳安县、桐庐县，代管一个县级市，即建德市。杭州市总人口达1200万人，经济发达。作为一个旅游城市，杭州市的名气全国皆知。

杭州市共有195个文旅景点，我用了65天来游览和体验。其中，一个西湖景区，我就花了18天的时间来游览。这不仅仅是因为西湖景区确实比较大，更重要的是，西湖的美，不在其风景，而在其人文历史和传说故事。所以，如果你只是沿着断桥、白堤、苏堤那样绕湖走一圈，是无法理解为何有那么多人盛赞西湖的。

当你在孤山北侧看到林社，才知道清末"守杭五年"的杭州知府林启长眠于此，浙江大学的前身求是书院，就是他创建的。你留意后才会知道，林启被安葬在此地，是因为他仰慕800年前隐居孤山、"梅妻鹤子"的林逋。你在孤山南侧的西泠印社后院山上看到的那个经幢，上面的经文是弘一大师写的。弘一大师出家之前叫李叔同，那句著名的"长亭外，古道边，芳草碧连天"就出自他的笔下。他所收藏的印刻都委托给西泠印社来保管。李叔同曾在大学当老师，他教过的学生有很多后来都成名了，不仅有与他师生情深的丰子恺，还有西湖东岸中国美术学院曾经的院长潘天寿。李叔同选择出家，深受马一浮的影响。弘一大师选择将自己永远留在了西湖南边的虎跑寺里。西湖东岸的钱王祠，供奉的是吴越国的开创者钱镠，他给了杭州和浙江百年的"岁月静好"，而没有像其他地方那样陷于战乱。除了这些，还有大家熟悉的纪念苏东坡的苏堤，白居易的白堤，以及西湖北岸路边众多的民国风云人物故居和纪念著名历史人物岳飞的岳庙。

虽然西湖的风景很美，但因为炎热的天气、众多的游人和嘈杂的环境，你可能会认为："不就是一个湖嘛，怎么这么多人？"所以，如果你想细细欣赏和感受西湖的美，最好选择避开炎热的夏季和旅游高峰期，以逛图书馆的心情，安排两三天时间，来西湖享受一顿人文历史与山水城湖美景融为一体的精神大餐。

也许是因为西湖太过美好，相比之下，杭州市的其他景点，都有些黯然失色了。不过，杭州一个西湖，足矣。至于我游览体验极好的良渚博物馆和跨湖桥遗址博物馆，可能大部分游客并不会从中得到多少乐趣。

杭州的车辆礼让行人做得很好。我步行过马路的时候，非常不习惯，因为，这里的车总是礼让着我，搞得我作为行人，都不好意思了。当然，我很快就习惯了"做人"的礼遇和感觉，从一开始有点不好意思地赶紧跑步过马路，到后来已经可以大摇大摆地过马路了。阿里公司对于杭州，就像华为公司对于深圳一样，已经不仅仅是当地一个成功的企业了，而成为当地的精神象征，鼓舞和激励着更多的人去奋斗和进取。对于我来说，杭州是一个没有美食的城市。这里的美食，大都不符合我的口味，因为我爱吃辣。杭州政府的行政理念很好，他们的口号是"最多跑一次"，真的是在践行"为人民服务"的宗旨。作为江南腹地，杭州的气候并不宜人。这里冬冷夏热，只有春秋最舒服。

我是2020年春天进行了此番杭州"深度游"，2021年3月11日，浙江省政府下文，对杭州市区的行政区划进行了调整。老城区中面积小的两个区（下城区和江干区）被合并了，郊区的余杭区被一分为二，西边的叫余杭区，东边的叫临平区（之前叫临平新城）。另外，在东边新设立了一个钱塘区，就是下沙及其以东那一大片地区，定位于建设一个工业新区。受新冠肺炎疫情影响，还有个别应该去的景点无法前往，比如中国美术学院象山校区、浙江大学之江校区等。

以我对杭州市所有195个文旅景点的游览感受，对其排名如下：

1
西泠印社
李游指数
99.780

杭州市区

2
西湖景区
李游指数
99.558

杭州市区

3
保俶塔
李游指数
96.769

杭州市区

4
良渚博物院
李游指数
95.783

余杭区

5
龙井村
李游指数
94.011

杭州市区

6
钱江新城
李游指数
93.857

杭州市区

7
跨湖桥遗址
李游指数
93.479

萧山区

8
钱江世纪城
李游指数
92.346

杭州市区

9
梦想小镇
李游指数
92.085

余杭区

10
雷峰塔

李游指数
91.999

杭州市区

11
南宋御街

李游指数
91.897

杭州市区

12
孤山岛

李游指数
91.642

杭州市区

13
九曜阁

李游指数
90.978

杭州市区

14
花港公园

李游指数
90.653

杭州市区

15
郭庄

李游指数
90.351

杭州市区

16
北高峰

李游指数
90.017

杭州市区

17
桐庐县城

李游指数
89.982

桐庐县

18
浙江省博物馆孤山馆区

李游指数
89.981

杭州市区

19
径山寺

李游指数
89.859

余杭区

20
浙江自然博物馆

李游指数
89.557

杭州市区

21
吴山景区

李游指数
89.367

杭州市区

22
中国茶叶博物馆

李游指数
89.042

杭州市区

23
中国丝绸博物馆

李游指数
88.997

杭州市区

24
岳庙

李游指数
88.934

杭州市区

25
西湖博物馆
李游指数
88.862

杭州市区

26
大慈岩景区
李游指数
88.804

建德市

27
湖滨步行街
李游指数
88.437

杭州市区

28
芦茨村
李游指数
88.175

桐庐县

29
永安山滑翔伞
李游指数
87.857

富阳区

30
里桐坞村
李游指数
87.824

杭州市区

31
新叶村
李游指数
87.795

建德市

32
苏堤
李游指数
87.431

杭州市区

33
东梓关村
李游指数
87.324

富阳区

34
杭州孔庙
李游指数
87.290

杭州市区

35
玉皇山景区
李游指数
87.267

杭州市区

36
北山街
李游指数
87.122

杭州市区

37
灵隐寺
李游指数
87.111

杭州市区

38
大明山风景区
李游指数
86.981

临安区

39
梅家坞
李游指数
86.784

杭州市区

40
龙岛自驾线

李游指数
86.653

临安区

41
虎跑公园

李游指数
86.601

杭州市区

42
杨公堤

李游指数
86.546

杭州市区

43
抱朴道院

李游指数
86.317

杭州市区

44
大学路

李游指数
86.149

杭州市区

45
九溪

李游指数
85.986

杭州市区

46
飞来峰

李游指数
85.879

杭州市区

47
风荷公园

李游指数
85.676

杭州市区

48
胡雪岩故居

李游指数
85.367

杭州市区

49
浙江省博物馆武林馆区

李游指数
84.878

杭州市区

50
千岛湖景区之东南湖区

李游指数
84.544

淳安县

51
指南村

李游指数
84.389

临安区

52
白堤

李游指数
84.364

杭州市区

53
文村

李游指数
83.998

富阳区

54
严子陵钓台

李游指数
83.927

桐庐县

55
临安博物馆
李游指数
83.919

临安区

56
京杭大运河博物馆
李游指数
83.653

杭州市区

57
千岛湖景区之中心湖区
李游指数
83.466

淳安县

58
于谦墓
李游指数
83.417

杭州市区

59
芹川村
李游指数
83.147

淳安县

60
淳安博物馆
李游指数
83.104

淳安县

61
三台片区
李游指数
82.943

杭州市

62
龙门古镇
李游指数
82.914

富阳区

63
南山路
李游指数
82.872

杭州市区

64
武林广场
李游指数
82.771

杭州市区

65
山沟沟景区
李游指数
82.689

余杭区

66
小河直街历史街区
李游指数
82.563

杭州市区

67
瑶琳仙境景区
李游指数
82.476

桐庐县

68
钱王祠
李游指数
82.470

杭州市区

69
胡庆余堂
李游指数
82.430

杭州市区

70
闸口白塔
李游指数
82.316

杭州市区

71
富阳博物馆
李游指数
82.239

富阳区

72
东天目山景区
李游指数
82.061

临安区

73
石舍村
李游指数
81.904

桐庐县

74
富春桃源景区
李游指数
81.878

富阳区

75
最美樱花跑道
李游指数
81.638

杭州市区

76
净慈寺
李游指数
81.505

杭州市区

77
五四宪法历史资料陈列馆
李游指数
81.267

杭州市区

78
临平城区
李游指数
81.237

临平区

79
茅以升和钱塘江大桥
李游指数
80.743

杭州市区

80
大兜路历史街区
李游指数
80.741

杭州市区

81
新安江水电站
李游指数
80.724

建德市

82
太子湾公园
李游指数
80.643

杭州市区

83
革命烈士纪念馆
李游指数
80.579

杭州市区

84
湘湖
李游指数
80.524

萧山区

85
严州古城

李游指数
80.323

建德市

86
桐君山

李游指数
80.264

桐庐县

87
深澳村

李游指数
80.151

桐庐县

88
半山公园

李游指数
80.144

杭州市区

89
灵山风景区

李游指数
79.774

杭州市区

90
黄公望隐居地

李游指数
79.474

富阳区

91
中国财税博物馆

李游指数
79.194

杭州市区

92
烟霞洞造像

李游指数
78.798

杭州市区

93
淳安县城

李游指数
78.648

淳安县

94
南山造像

李游指数
78.453

余杭区

95
桐庐博物馆

李游指数
78.067

桐庐县

96
杭州花圃

李游指数
78.016

杭州市区

97
南宋官窑博物馆

李游指数
77.910

杭州市区

98
白云源景区

李游指数
76.948

桐庐县

99
许家南大房

李游指数
76.921

萧山区

100
抗日战争胜利浙江受降纪念馆
李游指数
76.916
富阳区

101
六和塔
李游指数
76.863
杭州市区

102
黄龙体育馆
李游指数
76.846
杭州市区

103
中山公园
李游指数
76.792
杭州市区

104
杭州动物园
李游指数
76.431
杭州市区

105
灵栖洞景区
李游指数
76.341
建德市

106
钱塘门公园
李游指数
76.320
杭州市区

107
万松书院
李游指数
76.230
杭州市区

108
中国刀剪剑博物馆
李游指数
76.203
杭州市区

109
三潭印月
李游指数
76.104
杭州市区

110
卵坪村
李游指数
75.867
桐庐县

111
中国湿地博物馆
李游指数
74.869
杭州市区

112
吴越国王陵
李游指数
74.702
临安区

113
双溪竹海漂流
李游指数
74.677
余杭区

114
下姜村
李游指数
74.658
淳安县

115
中国伞博物馆

李游指数
74.630

杭州市区

116
萧山城区

李游指数
74.478

萧山区

117
临安城区

李游指数
74.421

临安区

118
东吴文化公园

李游指数
74.414

富阳区

119
垂云通天河景区

李游指数
74.376

桐庐县

120
拱宸桥

李游指数
74.317

杭州市区

121
宋城景区

李游指数
74.000

杭州市区

122
超山景区

李游指数
73.834

临平区

123
中国扇博物馆

李游指数
73.621

杭州市区

124
环溪村

李游指数
73.487

桐庐县

125
章太炎故居

李游指数
73.475

余杭区

126
凤凰山

李游指数
73.418

杭州市区

127
杭州博物馆

李游指数
73.417

杭州市区

128
浙江辛亥革命纪念馆

李游指数
73.215

杭州市区

129
西溪湿地

李游指数
73.062

杭州市区

130
临安城遗址太庙
李游指数
72.813

杭州市区

131
中国水利博物馆
李游指数
72.807

萧山区

132
木兰山茶园
李游指数
72.764

杭州市区

133
塘栖古镇
李游指数
72.689

临平区

134
胥岭村
李游指数
72.412

建德市

135
大坞村
李游指数
71.987

富阳区

136
河桥古镇
李游指数
71.824

临安区

137
梵天寺经幢
李游指数
71.764

杭州市区

138
鹳山公园
李游指数
71.638

富阳区

139
杭州解放纪念碑
李游指数
71.637

杭州市区

140
下崖村
李游指数
71.632

建德市

141
获浦村
李游指数
70.973

桐庐县

142
凤山水门
李游指数
70.410

杭州市区

143
八卦田遗址公园
李游指数
70.184

杭州市区

144
建德城区
李游指数
70.143

建德市

145
石林景区

李游指数
69.867

淳安县

146
浙西大峡谷景区

李游指数
69.301

临安区

147
梅城南峰塔和北峰塔

李游指数
68.724

建德市

148
天钟山景区

李游指数
68.684

富阳区

149
杭州植物园

李游指数
68.201

杭州市区

150
大奇山景区

李游指数
67.943

桐庐县

151
西径山景区

李游指数
67.571

临安区

152
太湖源景区

李游指数
67.526

临安区

153
独松关

李游指数
66.968

余杭区

154
功臣塔

李游指数
66.767

临安区

155
西天目山风景区

李游指数
66.667

临安区

156
萧山博物馆

李游指数
66.380

萧山区

157
通天飞瀑景区

李游指数
66.346

富阳区

158
余杭四无粮仓陈列馆

李游指数
66.286

余杭区

159
良渚古城遗址

李游指数
64.873

余杭区

160
杨溪村
李游指数
64.473

临安区

161
乌龟洞遗址
李游指数
64.217

建德市

162
九咆界景区
李游指数
63.884

淳安县

163
少年儿童公园
李游指数
63.701

杭州市区

164
杨家村
李游指数
63.358

富阳区

165
九仰坪
李游指数
63.343

富阳区

166
湘溪村
李游指数
62.633

富阳区

167
黄龙洞
李游指数
62.513

杭州市区

168
云栖竹径
李游指数
62.360

杭州市区

169
杭州野生动物世界
李游指数
62.234

富阳区

170
天子地景区
李游指数
62.154

桐庐县

171
株川村
李游指数
61.473

临安区

172
上臧村
李游指数
61.472

富阳区

173
浙西大龙湾景区
李游指数
61.413

临安区

174
小古城遗址
李游指数
61.371

余杭区

175
七里扬帆景区
李游指数
61.332
建德市

176
西山桥
李游指数
61.316
建德市

177
南宋皇城遗址
李游指数
60.453
杭州市区

178
普庆寺石塔
李游指数
60.047
临安区

179
天目窑遗址群
李游指数
59.555
临安区

180
琅坑源村
李游指数
58.877
淳安县

181
泗洲造纸遗址
李游指数
58.810
富阳区

182
溪口村
李游指数
58.748
建德市

183
东方文化园
李游指数
58.563
萧山区

184
富阳城区
李游指数
58.487
富阳区

185
稠溪村
李游指数
56.683
富阳区

186
忠义桥
李游指数
54.817
杭州市区

187
寿峰村
李游指数
54.341
建德市

188
大峡谷村
李游指数
53.102
临安区

189
柳溪江景区
李游指数
53.033
临安区

190
章家村
李游指数
52.476

建德市

191
常青村
李游指数
52.206

淳安县

192
呼日村
李游指数
51.444

临安区

193
浪石金滩景区
李游指数
51.141

桐庐县

194
茅湾里窑址
李游指数
50.340

萧山区

195
笕桥航校纪念馆
李游指数
30.234

杭州市区

杭州之名，是从 7 世纪的隋朝开始使用的。最早的杭州城也是从这个时候开始修建的，位置在今凤凰山东侧。此后不久，从镇江开始，途经常州、无锡、苏州、嘉兴到达杭州的江南运河（现在的京杭大运河），被疏凿拓宽成为水上交通动脉。自此，江南运河与钱塘江两大水路交汇于此，杭州城进入历史上第一次大发展的时代。经过两百余年的发展，9 世纪的杭州，已成为江南富庶之地，史载"江南列郡，余杭为大"。

10 世纪，中国历史进入唐宋之间的五代十国，幸运的是，杭州遇到了一个好君主，钱镠。他在那样一个乱世，不仅获得了一个诸侯国的地盘，还做到了尽量不以战争来维护自己的地位，用心提高社会生产力，兴修水利，治理江河湖海，维持杭州社会稳定发展至少五十年，真是难能可贵。而此时古代中国北方大部分城市，仍不堪战乱之苦。因钱镠特别的历史贡献，杭州才能成为宋仁宗诗中的"东南第一州"。可能也正是因为杭州有了这样的发展基础，才有机会在 12 世纪成为南宋的首都，从而在历史上留下了浓墨重彩的一笔。

杭州主城区面积 600 多平方公里，人口有 600 多万人，经济发展水平很高。杭州是一个适合奋斗和创业的地方，也是一个适合旅游的地方。我在杭州市区游玩期间，一直住在凯旋路的汉庭酒店。这个酒店不错，价格便宜，房间宽敞明亮，还有停车场，距离地铁口也不远。

杭州市区最大的问题，我觉得是交通。如果杭州能把交通这个大难题解决掉，那么，杭州这个人见人爱的城市，才真正可以称得上宜商、宜游、宜居。

西泠印社（李游指数：99.780）

西泠印社，一个别扭的名字，一个不起眼的小门，如果不是门口的全国重点文物保护单位的牌子，我可能都不一定会进去看。

西泠，是附近的地名，印社，是一百年前，对于从事刻印章的商业机构的称呼。

这个叫西泠印社的地方，可不是普通的刻印章的小店。从门口挂的两块牌子就可见一斑，一个上面写着"人类非物质文化遗产"，一个写着"全国重点文物保护单位"。这里，可真是一个超级"印章店"。看看它的前三任社长的名字，就知道它有多么超级了：赵朴初、启功、饶宗颐。现任社长，暂时空缺。

我在上午十一点半进入小院，下午一点半后离开，在里面待了整整两个小时。刚进入小院，感觉一般。往里面走，绕道屋后，登台阶进入山门，爬到后山上，豁然开朗。后山上别有洞天，一个500平方米的山顶小平台，进行了充分的利用。一百年前，该社初创时期历经二十年左右，不断建设，加之此地各路名流文人历史遗迹等的影响，形成了现在这样一个看起来有点混杂却又有点协调的美景。真山、假山、楼阁、亭庐、经塔、泉鱼、崖刻、石像、石室、石洞、翠竹、香樟、青松、花草，景色极为丰富。站在题襟馆屋前的平台上，鸟瞰西湖美景，感觉好极了。此处望去的西湖，与眼前的楼台、湖中的岛堤、远处的山峦，都恰到好处层次分明地尽收眼中。都说江南好，都说江南园林好，要我说，这里就是江南最好的地方。苏州那么多园林，也不及今天这个小院的景色美，更何况，站在院中，可以欣赏最美的西湖。

美丽的景色加上厚重的人文历史，就是我最喜欢的地方。我在小院里徘徊半日，不愿离开。我几乎可以确定，这个地方就是整个中国最让我心仪的梦幻之地。只是，自驾中国的旅行才刚刚开始，我不能给它满分，要为未来留有余地，万一将来遇到更好的呢。

孤山岛（李游指数：91.642）

　　孤山岛是西湖北部的一个岛屿，中间是30米高的石头山，四周是平地，环岛一圈，大概1500米。孤山岛上靠近白堤的地方，是西湖十景之一的平湖秋月。西湖十景，都是全国重点文物保护单位。旁边是白苏二公祠，是为了纪念白居易和苏东坡的，里面是一个干净闲适的小院。

　　俞曲园纪念馆，是为了纪念清朝末期杭州名儒俞樾。这栋楼，是其弟子们集资为他兴建的。中国印学博物馆是西泠印社的一部分，展示了很多印章。这栋二层洋楼是民国时期修建的，曾经是杜月笙在西湖的别墅。

　　郭金科、秋瑾、苏曼殊、冯小青、林逋、林启，加上西湖北岸边的苏小小和武松，西湖地区共有8个知名人士的墓。郭金科，明朝万历年间的杭州少年，一天夜里，家中失火，他逃出后发现母亲身陷火海，毅然冲入火中救母，结果母子俱亡。孝，是儒家思想的根基，儒家思想，是中国文化的核心。所以，此墓标识为"明郭孝童墓"。秋瑾，千古巾帼英雄。苏曼殊，男，生于日本，是中日混血儿，父亲是广东商人。19岁获得僧人身份，与柳亚子和陈独秀等革命先驱相熟，34岁（1918年）病逝于上海，葬于杭州西湖孤山。冯小青，女，明朝万历年间扬州人，嫁给杭州一大户人家为妾，婚后遭正房排挤，负气离家，独居孤山。有文才。18岁怨病逝世。林逋，男，北宋时期知识分子，隐居孤山，以梅鹤为伴，谥号"和靖"。林启，男，清末杭州知府，因生前仰慕林逋，死后葬于林逋墓附近。苏小小，女，孤山本地人，才貌俱佳，可惜在古代中国，女人很难获得相称的荣誉。武松，中国知名侠士，至于他到底是历史人物还是文学作品中的角色，还不确定。

如果只是跟着人流绕西湖走一圈的话，可能真的无法理解西湖为什么会这么出名。因为，你只看到了湖水和堤岸，最多还有旁边的山林和城市。西湖的风景当然是好看的，但是，让西湖之所以成为"天下第一湖"的，还是发生在这里的那些著名故事。有些故事甚至跨越了几百年，比如林启与林逋、白居易与苏小小。

大多数景点都为这些故事做了碑文说明，就看你有没有兴趣去慢慢读，慢慢体味了。我羡慕那个在白堤感叹西湖不如他老家水库大的兄长，活得可以那样简单快乐，真的挺好。我也羡慕余秋雨那样的知识分子，可以在西湖边随口说出无数的典故和文化，让听者如享美味大餐。而我，只能边走边看景区的文字介绍，并时常需要百度百科来答疑解惑，感觉像是一直在"上课"，一堂很喜欢，但脑子又有点跟不上的课。

保俶（chù）路与西湖交汇处，靠近湖边的路口，有一个不起眼的雕塑，是杭州抗击非典型性肺炎的纪念雕塑。希望这次疫情过后，国家在武汉建造一座抗击新冠

保俶塔（李游指数：96.769）

肺炎的纪念馆，其意义在于该吸取的教训就警示，该总结的经验就发扬，该褒奖的人物就赞颂。

　　路口北侧坡上，有一条小路，叫石函路。原来是日本驻杭州领事馆旧址，现在是省文化和旅游厅的机关大院。向西走两步，就是望湖楼。再往前，可以看到路旁的摩崖题刻。小路尽头，是断桥与北山街的路口，旁边一个二层楼的小院，是蒋经国旧居，现在挂着麦当劳和星巴克的招牌。沿着北山街往西走，很快就到浙赣铁路局旧址。再向前几步，有一个茶馆小院，青竹茶舍，现代风格中透着雅致古风，非常诱人，在这个院子里喝杯茶，聊聊天，看着西湖的秋月，该有多美呀。临到保俶塔路口，有一院别墅，坚匏（páo）别墅，曾是陈布雷的官邸。昨天还在九溪山谷里看到他的墓，今天又在西湖北岸见到他的官邸。

　　右拐，进入一条小路，保俶塔前山路，进去没多远，就开始爬台阶登山，十分钟后，就到了山顶保俶塔下。保俶塔，是全国重点文物保护单位，初建于五代十国时期，我去的时候，正赶上施工维修，无法近看参观。

　　从保俶塔向西的山顶处，有很多大块岩石，表面凹凸不平，很适合攀岩玩，有很多手可以抓脚可以踩的着力点。这样裸露的大岩石，上面没有树木，站在上面可以鸟瞰杭州市区和西湖的风景。

　　西湖，真是一个很独特的自然景观，它的北面、西面和南面都是山。北面的山叫宝石山，海拔大概有一百米吧。西湖北侧，只有这么一个宝石山，宝石山周围，都是平原。西湖南面，就是雷峰塔的方向，有一片山区，山区再往南，就是钱塘江，过了钱塘江，也是一片平原。西湖的西面，全是大山，连绵不绝，龙井村和梅家坞，都在西边的山里。只有西湖的东面没有山，是杭州市区。

　　我最喜欢站在城市中间的山上，俯瞰风景。站在这里，可以看到宝石山北边和东边杭州市区的高楼大厦，也可以看到南边秀美的西湖和周边的烟雨江南，真是美极了。西湖中的断桥、白堤、孤山、苏堤、雷峰塔，尽收眼底。

抱朴道院（李游指数：86.317）

  从保俶塔向西走，就到了葛岭。有一座道家宫观，抱朴道院。在道院门口的山崖上，有两个题刻。其中一句话是：父母者有形之天地也，天地者无形之父母也。

  我读了两遍之后，眼含泪花笑出声来。我很激动，这是我见过的对中国文化概括得最好的一句话。中国文化的主体，由儒释道三家糅合而成，又以儒家思想为根基和前提。此文把父母与天地相比，就是儒家思想根基孝文化的体现。父母犹如天地，是我们生存之根基，我们能失去天地吗？我们能失去父母吗？我们不该孝敬父母吗？此文把父母与天地互比，又是道家思想核心"道"的体现。道，是一切的根源和奥妙，天地间的奥妙犹如人间的奥妙，天地之于我们的奥妙犹如父母之于我们。此文打通了天地（自然界）与父母（人类社会）之间的关系并融会贯通，确实妙。此文中的"有形"与"无形"，与佛教中蕴含的对有和无（空）之间互为转换的哲学思想也有所印证。你所看到的，不一定就是"有"，你所看不到的，不一定就是无（空）。所以，这句话真是大智慧！一句人人都能看懂的话，却合三为一，把儒释道的理念都融入其中，真是超凡脱俗。

岳庙（李游指数：88.934）

  岳庙院子里，幽静肃穆。在这里会看到很多极尽褒奖的词语：气壮山河、精忠报国、浩气长存、光照后人、碧血丹心、民族之光、民族英雄。这里有岳飞的塑像祠、岳飞纪念馆和岳飞墓。最特别的地方，还是岳飞墓园里有4个面向岳飞墓跪着的铁铸人，是秦桧等人。

  岳飞墓，是中国第一批全国重点文物保护单位。杭州第一批全国重点文物保护单位只有两个，另外一个是六和塔。遗憾的是，从岳庙门口墙上的石碑看到，1961年公布的国保单位，依然在1966年秋天被毁。也许，这本身就是历史吧。

苏堤（李游指数 87.431）

苏堤，是西湖中的一个堤坝，位于西湖西部，南北走向，大概2500米长。因为这个湖堤最早是苏东坡清淤西湖而成的，所以叫苏堤。这已经是北宋时期的事情了，当时的苏东坡是杭州地方政府负责人。

第一次来西湖的人，一般都会到白堤和苏堤走走。而白堤和苏堤，都只是一条几米宽的堤坝，除了湖景之外，几乎看不到什么有趣的景致。这也许就是很多只看了这两个地方的游客，对西湖有所失望的原因吧。2005年春天，我第一次来西湖时，就是这样的经历和感受。苏堤南端入口旁，有一个苏东坡的纪念馆，内容比较简单。

龙井村（李游指数 94.011）

去龙井村的路，是不宽的双向两车道盘山路。村子位于群山中部的山谷里，有一条小溪从村中流过。村子不大，有些村民盖了美式别墅，四周山坡上都开垦成了茶园。这些景观结合在一起，在初春傍晚的阳光下，美极了！

真是没想到，在距离大城市这么近的地方，紧挨着一个著名的景区，居然有这样一个小村庄，风景如画。村名龙井，就是那个大名鼎鼎的西湖龙井茶的龙井。

虽然我没有喝茶的习惯，但是，站在村旁山坡上的茶园里，我也忍不住畅想了一番：在一个春风拂面的傍晚，坐在龙井村茶园亭子里的藤椅上，喝着一杯用泉水泡的明前龙井，看着眼前的茶园山色，该是多美的享受啊。

太子湾公园（李游指数 80.643）

太子湾公园，位于西湖南侧雷峰塔西。公园里的绿化景观做得很好，有很多郁金香，现在正值花季，很漂亮。我却对这里评价不高，是因为这里没有什么人文历史，只是一个普通的公园，再怎么好也不太值得外地游客专门来看。

公园东侧有两位名人的墓。一个是明末清初南明著名儒将张苍水（张煌言）的墓，他是一位抗击清朝的名人，清朝政府后来却给了他很高的评价。紧挨其东侧，是清末民国时期著名爱国人士章太炎的墓。旁边是章太炎纪念馆、张苍水祠、杭州名人纪念馆。张苍水和章太炎，相隔两三百年，都被埋葬在西湖南岸相邻的地方，居然有一个共同的政治追求——反清。一个是在清朝初建的时候，要反清复明，另外一个是在清朝末年，要推翻清朝建立民国。

章太炎师从俞樾，受其影响敬慕顾炎武。顾炎武，就是那个留下"天下兴亡匹夫有责"的人。而顾炎武，是因为敬慕王炎午，才改名叫顾炎武的。王炎午，跟随文天祥。文天祥，就是那个留下"人生自古谁无死，留取丹心照汗青"的人。文天祥和章太炎，前后相隔六百多年。

什么叫影响力，这就叫影响力。当一个人死后几十年，甚至是几百年、上千年，还有人认得你，并被你影响着，这才叫真正的有影响力。

西湖博物馆位于西湖东岸。西湖博物馆的布展内容，非常好。从地质史讲起，然后才是人类历史。这一点，确实非常重要，这是一个世界观的问题。

世界观决定人生观，人生观决定价值观。我们在面对历史的时候，不应该忽略掉一个重要背景，那就是人类当时所处的自然环境。人类所处的自然环境，千年以

西湖博物馆（李游指数 88.862）

内可能没有大的变化，但是，几千年和几万年的时长里，气候变化带来的自然环境的变化，还是很明显的。

  我记得在甘肃秦安大地湾遗址参观的时候，就看到了热带才有的动植物，这说明在距今五千到一万年的时候，当地是热带亚热带气候。而现在的大地湾，是温带季风气候。差异是很大的。

  在西湖博物馆首先展示的就是西湖过去的地质历史。在这里可以看到，西湖和杭州市区以及周边的嘉兴市和上海市，在2500年前，整个地区都处于海中。你能想象吗？诸子百家的先哲们在华夏大地传播思想的时候，春秋战国的君主们在逐鹿中原争抢地盘的时候，作为当今中国第一大都市的上海，还在海底呢。上海，这个名字起的挺好，原来就是海上的意思。

  真是沧海桑田啊。

  西湖博物馆的其他内容，主要有两个方面：其一，西湖的景色很美，是中国少有的湖光山色。其二，西湖人文历史之丰富，冠绝全国。

  不得不承认，唐朝白居易是西湖出名的头号功臣。正是因为他的影响力，才有了后世很多文人官宦富商前来。西湖成就了某些人，某些人也成就了西湖。

郭庄（李游指数 90.351）

  郭庄在杨公堤东侧，由150年前的一个富商所建，是西湖周边最美的江南私家园林。江南园林，我逛下来的感受，有两点比较突出：一是很会借景，通过墙体镂空留洞来"借"墙外的景色。另一个感受是，巴掌大个地方，搞得好像很大似的。江南园林的入口一般都很小，进来后豁然开朗，曲折转弯，拐来拐去，走了半天，以为整个院子很大，实际上没多大。

我很喜欢这个院子，比苏州很多园林给我的感觉都要好。苏州那几个园林，有一个共同的特点，就是太满了。整个院子都是假山、池塘、庭阁楼台、树草花石，搞得满当当的，不给人留喘气的地方，视线不开阔，让人觉得有点拥挤，有压迫感。另外，屋内都很阴暗，我完全不想住在那种地方。郭庄给我的感觉就特别好。空间布局有紧有松，有满的地方，也有空旷的地方，而且，屋内都很敞亮舒适，让我有一种想住在这里当主人的欲望。坐在亭子里，我又开始幻想，哪个屋子当卧室，哪个屋子当客房，哪个屋子是书房，哪个屋子是餐厅，佣人住在哪里……直到有人突然对我说："喝茶吗？不喝茶，不可以坐在这里……"

好吧，梦醒了。郭庄里面有几处喝茶的地方，有室外的，有室内的，感觉都很好。尤其是那个凌空在西湖岸边的赏心悦目亭，坐在里面，喝着虎跑泉泡的明前龙井茶，听着古筝，看着窗外的西湖，还有对面的佳人，真是美极了。

人生最美好的，就是想象。要想享受人生，就得学会想象。郭庄之所以这么好，除了本身的江南园林很出色以外，还有一点是苏州园林无法拥有的，它在西湖岸边，可以把整个西湖的美景都"借"进家里来。

这里唯一欠缺的是人文历史，或许也有，只是没有留下记录，我们无法得知。如果这里能留下一段曲折动人的爱情悲剧，或者，一个文人骚客的忠孝历史，就完美了。

只有美景而没有感人历史的风景，是肤浅的，是没有生命力的。人，是万物的尺度。只有与人有关，才会感人。而西湖之所以为西湖，就是因为它总是与各个时代的人文相关。

湖滨路步行街（李游指数 88.437）

湖滨路步行街在西湖东岸。湖滨路西侧是西湖，东侧是商业步行街。西湖音乐喷泉就在这里。附近的东坡路和平海路，也都是商业步行街。这一片都是新建成的，很漂亮，也很高大上，主要是湖滨银泰商场，几大国外奢侈品牌都驻扎在这里。

在这里逛街很舒服，西边是绿树成荫的西湖公园，东边就是各大品牌的步行街，在国内，还没有哪个大城市的步行街有这么舒适的户外消费环境。北京的王府井，上海的南京路，南京的新街口，苏州的观前街，广州的上下九，深圳的东门华强北，成都的春熙路，都没有这里环境好。杭州湖滨步行街，堪称中国第一步行街。在这里，不买东西，随便走走，就挺舒服的。

西湖北岸的北山街，西湖东岸的南山路，沿街有很多民国时期的建筑，也适合散步。西湖西边的杨公堤，路两侧有高大的梧桐树，自驾的感觉很好。

胡雪岩故居（李游指数 85.367）

　　胡雪岩是清朝末期著名的中国商人。他之所以著名，不仅因为生意做得大，还因为朝廷给了他官职，因此被大家称为"红顶商人"。胡雪岩应该是普通百姓家的孩子，他的第一份工作是在一个钱庄里当学徒。至于他是怎样完成原始积累的，目前并没有准确的史料可证。不过，大部分人的第一桶金，都不是通过乖乖上班得来的，我想，胡雪岩也不例外。

　　胡雪岩是一个有商业天赋的人，一个有胆识的人。很多朝廷要员、达官贵人都是他企业经营上的合作伙伴，有了这样的人脉资源，赚钱就是一个自然而然的结果。在胡雪岩把国内的生意做到"孤独求败"的程度后，开始参与国际贸易，结果诸事不顺，生意失败，郁郁而终。终年62岁。

　　不论怎样，胡雪岩作为清末著名的巨商，都算成功人士了，毕竟，他拥有一个轰轰烈烈的人生。这个豪宅大院是胡雪岩在其人生最辉煌的时候，用了3年时间完成的。遗憾的是，十年后他就死了，而这个豪宅也在20多年后抵债给了别人。

　　胡雪岩故居是全国重点文物保护单位。说实话，这种院子是不适合用来过日子的。太大了，几十间房子几十号人，墙高院深，有点坐牢的感觉。总之，我不觉得住在这样的地方有多舒服，还是西湖杨公堤旁边的郭庄更得我心。

里桐坞村（李游指数 87.824）

　　里桐坞村位于杭州西部郊区，绕城高速西侧，属于转塘街道，在龙坞北边。这里满山都是茶园，现在正是采茶的时节，山上有很多人在劳动。这个画面，看着真美，让我想起了小时候，一到农忙季节，地里到处都是忙碌的农人。

　　这里的农民都很有钱的样子，房子盖得像豪华别墅一样。劳动者就该过上好日子，这样的画面，让人看得心里熨帖。

中国茶叶博物馆（李游指数 89.042）

　　中国茶叶博物馆有两个展区，一个在龙井村旁边，一个在双峰村，都在西湖西边的龙井路。龙井村展区位于山坡上一个古色古香的院子里，展示内容主要是世界茶叶知识。双峰展区主要展示中国茶叶的历史和相关知识。展馆周边的茶园景色很美。从展馆后面的山坡上向东望去，眼前是条纹绿毯似的茶园，有茶农在采茶，旁边是山峦，中间是西湖，远处是高楼大厦，层次分明，景色宜人。

杭州孔庙（李游指数 87.290）　　　　　南宋御街（李游指数 91.897）

杭州孔庙在劳动路西侧。受老杨的影响，我这两天在看熊逸的《春秋大义》，才知道，《春秋》是比《论语》影响更大的一本书。这两本书，都与孔子有关。孔子对古代中国的影响，给怎样高的评价都不为过，正所谓"万世师表"。

杭州孔庙里有南宋皇帝书写的四书五经，并被刻在石碑上，称为石经。这里是全国重点文物保护单位。我在这里看到了南宋皇帝和清朝康熙皇帝的笔迹，我的直观感受是，宋朝的字体太美了，不论是皇帝的手书还是某个大臣的碑文，字迹都很美。而康熙皇帝的字，我觉得很一般。不过一个优秀的皇帝，不一定就是一个优秀的书写者。

中山路是杭州老城区一条南北走向的路。中山中路的一段，就是南宋御街，沿途大都是历史建筑，以民国和改革开放前的居多。旁边是河坊街，一条历史文化街区。在这一带走走，感觉很不错。中山路一带历史文化景点很多，吴山、胡雪岩旧居、钱塘第一井、胡庆余堂、于谦故居、凤凰寺、兴业银行旧址、马寅初旧居、陆游纪念馆等，都在中山路沿线和附近。其中，凤凰寺、浙江兴业银行旧址和马寅初旧居，都是全国重点文物保护单位。

浙江自然博物馆位于西湖文化广场。这里布展设计合理有序，内容丰富，值得参观。从宇宙的形成到地球的故事，从生命化石到人类起源，从浙江的地形地貌到动植物，知识全面。展示的方式也很好，有很多动植物标本和古生物化石，适合家长带孩子来看看。

对于人类是从鱼逐步演变而来的观点，我不得不接受，因为这是科学。不过有一点我是认可的，生物的演化是从简单到复杂，我们人类社会，也是这样的。

浙江自然博物馆（李游指数 89.557）

浙江省博物馆有两个馆区，一个是我接下来要介绍的武林馆区，位于西湖文化广场。另外一个叫孤山馆区，在西湖孤山岛上。博物馆一楼介绍古代历史，二楼是革命纪念馆。

浙江的历史从一万年前的上山文化开始，到九千年前的小黄山遗址文化，再到八千年前的跨湖桥文化，之后是七千年前开始的河姆渡文化，最后就到了五千年前

浙江省博物馆武林馆区（李游指数 84.878）

的良渚文化。各个遗址的发现，使得这段古文明得以连续起来。

只是，不知何种原因，良渚文明在四千年前消失了，没有继续在今浙江地区发展和演化。气候变化，可能是其中断的原因之一。

浙江博物馆的布展内容虽然很不错，但是，与浙江省的地位有点不匹配。应该单独建设一个场馆，以更宏大的叙述视角，用更详尽形象的展示方式来展示浙江的历史。就像云南博物馆和贵州博物馆那样，会给人更好的感受。

京杭大运河博物馆，在拱墅区政府南面的运河广场。博物馆主题鲜明，设计合理，展示内容丰富。京杭大运河始建于春秋时期，在1400年前的隋朝，开始大幅度扩建。从西安到洛阳，从洛阳到北京，从洛阳到杭州，这样一个向右横放的"Y"形结构，把首都西安与中国东西南北大部分地方联系起来。到七百年前的元朝，因为定都北京，形成了今日京杭大运河的路线。可惜的是，隋朝以二百多万人的血肉修建成的运河，却成了自己灭亡的重要原因，反而成全了之后的唐朝。

民国之前的古代中国，京杭大运河对经济和社会的影响非常重大。运河里的漕粮，保障着首都居民的口粮。直到铁路运输诞生后，运河的影响力才逐步退去。来这个博物馆看一看，能引发我们对很多问题的思考。

京杭大运河博物馆
（李游指数 83.653）

中国丝绸博物馆（李游指数 88.997）

我自上大学后，就没有回老家扫过墓了。说起来，也有 23 年了。记得小时候，每到清明节都会跟着父亲去扫墓。拿着铁锹，用木棍挑着白纸剪成的纸扎，还要拿个木条制作的笼，里面装的是菠菜面和煮熟的鸡蛋，当然还有烧纸和火柴。清明节上午九点左右来到爷爷奶奶的坟头，父亲会用铁锹给坟头上加些土，我把纸扎插在坟头，父亲蹲着点火烧纸，然后我们一起磕头。完事后，在旁边蹲着吃带来的油拌菠菜面和煮鸡蛋。

今年清明节回老家，主要是想去祭拜母亲。母亲在我上初二的时候因癌症去世了。这次回去，不仅完成了对母亲的缅怀，也了解到老家扫墓的礼节变化。除了铁锹和烧纸没有变，其他东西都变了。原来是走着去墓地的，现在是开汽车或者骑电瓶车。原来自己拿剪子把白纸剪成纸扎就可以了，现在都是购买的纸扎，纸制金元宝组成的纸扎，让我觉得好陌生。笼是不用了,换成了塑料袋。菠菜面和煮鸡蛋也没有了,改用水果和休闲食品。烧纸也不用火柴点了,都是用打火机。因为不在坟头旁边吃菠菜面了,所以,都是在家里吃完早饭后才去。这些物质上的变化,还不是最大的,最大的变化,是礼法上的变化——女性也可以去上坟了。

我记得小时候,只有家(族)中的男性才可以去上坟扫墓,不论年龄大小。而家(族)中的所有女性,是不能去扫墓的。所以,过去的人很在意要儿子,这些是跟我们的生活相关的变化,还有一些大的变化,可能我们从未细想。

中国丝绸博物馆,在杭州玉皇山路西侧,是一个大院落,里面有多个建筑,分别展示了几个方面的内容:丝绸的历史、桑蚕知识、过去的织布机、中西方近代时装。不仅展示内容丰富有序,展馆的内部装修也很吸引人。

丝绸,茶叶,瓷器,这三样东西,构成了农业时代中国对外贸易的主要商品。

17世纪的欧洲,前后大约100多年里,上流社会都以使用中国货为荣。农业时代的中国在对外贸易史上有过这样的辉煌,我想,也许用不了50年,我们在信息时代会再次创造这样的辉煌。就像老家扫墓规矩的变迁,像丝绸曾在对外贸易中扮演过重要角色一样,谁能想到未来将会有什么样的变化呢?

九曜阁（李游指数 90.978）

　　九曜（yào）阁，在太子湾后面的山顶上。我是从净慈寺东面的长桥公交站旁的一个小路口上去的。全是爬山的台阶路，走了大概半个小时，到了最高处，有一个二层小阁楼，就是九曜阁。

　　这是一个小店，露台可供免费观光。这座山叫九曜山，净慈寺后面的山，叫南屏山，看起来是连在一起的同一座山。

　　从九曜阁的露台望去，景色美极了。这里位于西湖的西南角方向，可以看到西湖的美景。从左到右，依次是满觉陇村、三台、杨公堤、苏堤、西湖三岛、雷峰塔和市区。我的文采实在太差，这么美的景色，我不知道该用什么样的文字来形容。我只能说，美极了。九曜阁南侧，有一个亭子，站在亭子里，可以看到钱塘江。对面的阁楼，就是玉皇山顶的道观福星观。

中国湿地博物馆（李游指数 74.869）

　　中国湿地博物馆在西溪湿地东南角。整个博物馆的展示内容一般，建筑的内部空间设计得倒是很别致。

　　三楼有个专题展厅：南宋记忆——跟着高宗游西溪。这个展厅设计得非常好，整体看起来很雅致，赏心悦目，加上播放的背景音乐，一首好像是歌曲，又有点像戏曲的曲子，优雅中透着悲凉，加上唯美的文字介绍，让我在看前言的时候，就有点想落泪。尤其是那句"岁月不语……深情相遇"，让我无限感怀。这个展厅的设计者，一定对南宋充满了无限的感伤和怀念。

登上雷峰塔，远眺西湖和周边城市山水景色，还是非常好的。这里是西湖周边登高望远的最好视角。雷峰塔，一百年前已垮塌。之前是砖结构的，现在是在原址上修建的钢结构的新塔。一楼下面就是原塔的遗址，砖体还在。这个做法很好，既保护了遗址，也完成了新塔的建设。

雷峰塔（李游指数 91.999）

雷峰塔与《白蛇传》的关系，就像《白蛇传》本身一样，只是个传说。小时候看的电视剧《新白娘子传奇》，赵雅芝演绎的白娘子，给了我们对仙女最美好的想象。

中国四大爱情传说——白蛇传、梁山伯与祝英台、牛郎织女、孟姜女哭长城，都是悲剧。好像所有著名的爱情故事，都是悲剧，古今中外，莫不如此。这是为什么呢？为什么爱情一定要是悲剧？两人相爱后，结婚生子幸福到老难道就不能成为更好的爱情故事？

可能是因为，只有悲剧才能打动人，只有想在一起而又不能在一起才感人。或者说，爱情，真的存在吗？什么是爱情？真的有爱情吗？

当然，这一切，都与雷峰塔本身无关。

浙江省博物馆孤山馆区（李游指数 89.981）

浙江省博物馆有两个馆区，一个是西湖文化广场的武林馆区，另外一个，就是接下来我要介绍的孤山馆区。它在西湖景区内的孤山岛上。这是一个蛮大的院落，有几栋两三层楼高的建筑，安静肃穆，感觉很好。这里之前是中国美术学院的校区。博物馆由几栋不相连的独立建筑物组成，东侧四栋建筑，分别是西湖美术馆、黄宾虹艺术馆、常书鸿美术馆、浙江宋元明清时期的漆器陈列馆。这四个馆我都没有进去参观，因为我完全不懂艺术，怕自己欣赏不了。

博物馆中间一栋较大的建筑，分别用于三个主题展，中间是中国古代陶瓷陈列，是一个常设展馆。西侧的小展馆，是雷峰塔出土文物的专题展。东侧的小展馆，用于临时展，正在展出的是"万年浙江"主题展。

中国古代陶器陈列，其实只是把浙江出土的陶器文物，按照时间顺序进行了展示。从距今一万年的上山文化陶器，到七八千年前的跨湖桥文化陶器，之后是六七千年前河姆渡文化和马家浜文化陶器，五千多年前的崧泽文化陶器，四五千年前的良渚文化陶器。然后，是陶器到瓷器的过渡阶段，印纹陶和原始瓷。这个阶段，从商周开始，一直持续到春秋战国和西汉时期。东汉时期，以上虞小仙坛窑址为代表的一批青瓷龙窑窑址的出现，标志着浙江进入瓷器阶段。自此，从绍兴地区的越窑，到丽水地区的龙泉窑、温州地区的瓯窑、湖州地区的德清窑、金华地区的婺州窑，整个浙江，几乎无处不成窑。浙江为人类贡献了美丽绝伦的青瓷，让中国的瓷器举世闻名。主楼这个常设的陶器展非常好，全面展现了从陶器到瓷器的发展历程，但展示方式有些落后，多为文字介绍，拍照都拍不清楚。浙江省博物馆的两个馆区，都有些落后。浙江省内有大量的珍贵文物，需要一个更大的场馆进行更好的展示，让参观者的感受更愉悦舒适。雷峰塔出土文物展，除了各种佛教经文和佛像，还有在雷峰塔地宫中出土的11颗大小不一、颜色各异舍利，装在刻有莲瓣纹的4厘米多高的纯金小瓶中，放置在12厘米宽的方形银制阿育王塔中。银质阿育王塔的塔身，四面镂刻了佛本生故事画面和佛传故事画面，并以菩提树、小佛像和金翅鸟为装饰，四角的山花蕉叶，中间是由五重相轮和摩尼宝珠构成的塔刹。整个文物，虽已千年，但依然显得精美和肃穆。

"万年浙江"主题展，展示的是上山文化的考古成果，包括浦江县的上山遗址、义乌市的桥头遗址、仙居县的下汤遗址出土的相关文物。其中，桥头遗址出土了完整的彩陶，还有数百粒稻米。下汤遗址完整地体现了上山文化层、跨湖桥文化层、河姆渡文化层和好川文化层的遗存物，丰富了浙江新石器时期考古学文化序列。

博物馆西侧是两个并排的独立古建筑院落，都是三进结构。东侧的是前些年重建的太乙分青室，西侧的院落是文澜阁。文澜阁是全国重点文物保护单位，原址曾为清朝皇帝的行宫，1784年兴建文澜阁，是朝廷用于珍藏《四库全书》的地方，是全国7个藏书楼之一。太平天国时期楼毁书散，之后的1881年，清政府安排原址重建文澜阁，继续用于珍藏《四库全书》，现在看到的建筑即是当年所建。1912年，《四库全书》移交给了图书馆，现藏于曙光路的浙江省图书馆。

灵隐寺（李游指数 87.111）

进入灵隐飞来峰景区需要花 45 元，购买景区门票，包括灵隐寺在内的多个寺院以及飞来峰。检票后进入景区，走一段路，就到了灵隐寺门口，需要再花 30 元购买灵隐寺的门票。虽然门票价格有点贵，依然阻挡不了香客的热情。灵隐寺里人很多，比大部分城市的步行街和商场里的人都多。很多人双手合一，手捧炷香，低头弯腰，见佛就拜，五百罗汉也不放过。虽然寺院已严格控制，但还是烟雾缭绕。灵隐寺由印度僧人慧理创建于公元 326 年，是杭州最早的寺院，之后屡毁屡建。800 多年前，济公曾在灵隐寺居住过。

比一般寺院三进院的结构更深一些，灵隐寺是五进院结构。一进是天王殿，双重屋檐单层歇山顶建筑；二进是大雄宝殿，三重屋檐单层歇山顶建筑；三进是药师殿，双重屋檐单层歇山顶建筑；四进是藏经楼，也叫直指堂，双重屋檐两层歇山顶建筑；五进是华严殿，双重屋檐单层歇山顶建筑。每一进的建筑地基都比前一进的要高一些，第四进和第五进则高出很多。从平地缓坡，到陡峭山坡，从外到里，从南到北，依次升高，蔚为壮观。整个院落坐北朝南，背靠大山，门口是一条小溪。

天王殿前左右两侧，各有一石经幢，大雄宝殿前左右两侧，各有一石塔，八面九层，高 11.9 米，此四栋石建筑都有些破损，是全国重点文物保护单位，建于一千年前。天王殿里有一尊韦陀菩萨，由整块香樟木雕刻而成。

西湖景区（李游指数 99.558）

西湖很有名，但如果只奔着自然景观来，在逛完苏堤白堤后，就会觉得，不就是一个湖嘛，最多也就是周边有群山，显得漂亮一些，总觉得跟它举世闻名的地位有点不相称。是的，如果仅就从眼睛所看的风景来说，西湖绝对不是中国最美的湖。但是，如果用心把西湖景区内所有景点标识牌上的文字都认真读一遍的话，你一定会和我一样，明白西湖之名在于它的人文历史。国内其他城市，打造出的人工湖再漂亮，也无法替代西湖在人们心中的地位。西湖景区太大了，与之相关的历史人物太多了。这些都需要你慢慢品味。而且，耐人寻味的是，其中很多历史人物的故事，彼此都是相关的。你了解了这些故事，就仿佛走入这些历史名人的"朋友圈"。比如浙大的前身是求是书院，求是书院的创办者是清末的杭州知府林启。林启仰慕林逋，所以，死后埋在西湖孤山林逋的墓旁。而林逋，则是宋代的一位隐士。前后相隔几百年的两个文人，因为前者对后者品行的仰慕，死后做了邻居。再比如民国时期，文人李叔同受马一浮的影响出家为僧，而马一浮就住在西湖花港的蒋庄。李叔同出家前，把他收藏的一些印石托付给了孤山的西泠印社，而西泠印社后院山上华严经塔的题刻，又是由李叔同撰写的。李叔同死后，墓碑上的题字，又是马一浮所写。这都是西湖人文历史的魅力所在。

我用18天的时间游览了西湖所有33个景点，对它们的排名如下：西泠印社、保俶（chù）塔、龙井村、雷峰塔、孤山岛、九曜（yào）阁、花港公园、郭庄、浙江省博物馆孤山馆区、中国茶叶博物馆。

跨湖桥遗址（李游指数 93.479）

　　跨湖桥遗址是全国重点文物保护单位。跨湖桥遗址，是距今 8000 年前的人类遗迹，本来是浙江最早的人类村落遗址，但因为后来发现了浦江县的上山遗址，跨湖桥遗址就不能称为"最早"了，不过它依然非常重要。因为，就目前浙江发现的所有人类遗迹来看，跨湖桥具有至关重要的承接作用。

　　跨湖桥遗址在萧山区湘湖公园里，距离杭州市中心十几公里。这里现在是一个漂亮的公园，有山水湖泊。在 20 世纪 60 年代，当地人在这里挖土烧砖，发现了部分文物。后来考古人员来进行过多次发掘，出土了非常丰富的文物。这里有一个展示馆，还有一个原址的展示厅。展示馆的布展思路清晰，展现方式有趣，可读性很强，我几乎是一字不落地看了一遍。

　　考古学家在跨桥湖遗址发现了很多木制品，因为木头是很容易腐朽的，所以这些木制品出土文物是非常罕见和珍贵的。我第一次知道出土文物中有木制品，是绍兴印山大墓里发现的遗留在青膏泥里的木工具，距今已有两千多年，保存得非常完好。当时，特别令我震惊。而跨湖桥遗址出土的木制品，是八千年前的，就更让人感到震撼了。

　　迄今为止，中国最早的独木舟，发掘于此；中国最早的弓箭，发掘于此；中国最早的漆器，发掘于此；中国最早的木铲，发掘于此；中国最早的木桨，发掘于此；中国最早的独木梯，发掘于此……可能是因为气候变化，此地多次被海水淹没，后又成为湖泊。考古现场发掘的海相和湖相证实了这个变化。

深埋在海沙和淤泥之下，应该是这些木制品得以保留至今的原因。

这里也出土了很多陶器，包括用途跟锅差不多的釜，储存东西的陶罐，用途似碗的钵，盛放东西的陶盆、陶盘、陶豆等。陶器造型优美，让人不敢相信这是距今几千年的陶器。尤其是甑，它类似于我们今天用的蒸笼，与釜配合，可以蒸熟食物，让人赞叹那个时代的烹调技术。而红色陶衣、陶器上的图案，也极具文化价值。用兽骨做的孔洞如发丝一般细的针，云母石制作的穿孔玉璜，说明当时的人手工技艺已经非常高超，会缝制衣服，愿意装饰自己。

展示馆旁边就是考古现场展示厅，独木舟就在出土的原址展示，让人印象深刻。

位于未来科技城的梦想小镇在西溪湿地西北方向，已经是绕城高速外面了，属于余杭区。阿里巴巴在这里有一个很大的园区，多栋不高的大型办公楼，后面是一片公园式的湿地，环境很好。看得出来，应该有很多人在这里办公，估计有几万人。整个未来科技城，应该也是靠阿里公司带动起来的。未来科技城片区，现在已发展得很好。

梦想小镇，一个很好听的名字，也是一片很漂亮的地方。

它在章太炎故居附近，与之一河之隔。一边是现代建筑，一边是仿古建筑，两种风格，相互衬托和呼应，形成了一幅非常完美的画面。

梦想小镇（李游指数 92.085）

良渚博物院（李游指数 95.783）

就我的感受而言，我认为良渚博物院从各方面来说都能在全国所有的博物馆里排前列，可以说是浙江最好的博物馆。建筑设计独特且合理，内部空间高大宽敞明亮，装修有品位而不奢华，让人参观起来很舒服。

正如博物院入口处所写，这里是中华民族五千年历史的实证。良渚出土的玉器很多，其中的玉琮（cōng）应该是一种礼器。

径山寺（李游指数 89.859）

从双溪去径山寺的路上，临近双溪村文化礼堂的路边，景色非常美。我在路边停车，下来细细观赏。眼前是一大片麦田，不远处是一小片湿地，有几只鸭子和白鹅在嬉戏，再远处是群峦叠嶂的竹山，真是一派诗画田园的风光。自驾游的乐趣，就在于与美景的不期而遇。恰当的心情，恰好的光线，突然出现的画面，独自欣赏的窃喜，依依不舍的离去。

在进山之前，有个村子也很漂亮，叫禅茶第一村。进山的小路蜿蜒曲折，到桐桥村的停车场后，停了车，爬旁边的登山台阶上去，五分钟就可到山顶。山顶上有三个观光台，可以鸟瞰周边的茶园、村庄和群山，风景好极了。

旁边有个径山古道，再往上走大概一小时，就到了径山寺。径山寺创建于一千二百年前，在南宋时，因皇帝的推崇而成为江南禅宗之首。门口照壁上的四个大字"天下径山"，可见其绝非一般。文字介绍中有一句"参究生命疑情"，让我感慨不已。哲学，尤其是人生哲学，很难参透啊。

整个寺院的建筑都采用棕色柱子灰色瓦的色调，形象统一。天王殿、大雄宝殿、藏经殿、观音阁、凌霄阁，自外向里，依次排开，后面的建筑因山势上升而更高一级，气势恢宏。

一看到临安博物馆，眼前突然一亮。在一个县城，能见到这么有设计感的建筑，真是难得。进去一逛，我就觉得应该是王澍（shù）设计的。晚上回来在网上一查，还真是他设计的。中国美术学院象山校区的建筑和宁波博物馆，也都是他设计的，包括今天

临安博物馆（李游指数 83.919）

看到的临安博物馆，完全是同一个风格，所以，我一下子就认出来了。怎么说呢，也许一个人的设计风格，就像一个人的审美和价值观，很难改变吧。就王澍设计的作品而言，我个人认为，外观造型确实很别致，艺术感明显，视觉冲击强烈，辨识度高，但是内部空间的通风采光并不好，在里面不太舒适。临安博物馆的展示内容也很不错，主要是距今一千一百年的吴越国时期的文物和历史。

大明山风景区
（李游指数 86.981）

大明山景区风景很美，有点张家界和黄山的感觉，也有点像三清山景区。景区门票110元，坐缆车上山要50元，滑道下来50元。山顶悬崖边修建的空中栈道，感觉不错，既有点惊险的刺激，又不像玻璃栈道那么吓人。山顶有一个几十米高的瀑布。

东天目山景区（李游指数 82.061）

景区有两个入口，一个是东门，从山谷入口进去，沿着小溪一直向上走，最终到达寺院。路途遥远且要爬大段山路，往返需要四个多小时，所以选择从这里进去的游客很少。另外一个入口是西门，大部分游客选择从这里进入景区。门票130元，乘坐摆渡车几分钟可到山腰，然后步行几分钟就能找到缆车，乘坐缆车往返共70元。下了缆车，走大概二十分钟，就到了昭明寺。

萧统（501年—531年），南北朝时期南梁太子，英年早逝。他为中国贡献了第一部文学选集《昭明文选》。昭明，是他的谥号。因当年他曾在此地参禅修佛，他逝世后，此寺院即被命名为昭明禅寺。2020年春天我来的时候，因为疫情无法进入寺院参观。今天（2021年3月12日）再次专程前来，心愿得偿。

进入山门后，正对着的是两层建筑，众僧人学习佛法的地方。左转上台阶，能看到寺院中轴线。最前面的宏大建筑，好像是新建的或者是刚大修过，还没有牌匾，听工作人员讲，是韦陀殿。三重檐歇山顶建筑，红柱黄瓦，很是气派。后面是大雄宝殿，两重檐歇山顶建筑，红柱红瓦，本也端庄肃穆，但在前后更宏伟的建筑对比下，倒是衬得不够宏伟了。大雄宝殿后面的山坡上，是一个高耸的红柱红瓦建筑，藏经楼。此建筑的地基本已比大雄宝殿高了一层，加之四重檐歇山顶的外观，更显得高高在上。在东天目山上，一个群山环绕的小山坳中，有这样一个古树苍天的千年寺院给人的感觉，很是特别。这个景区除了高山、峡谷、瀑布、大树，值得一看的就是这个寺院了,很多游人也是冲着这个寺院来的。有自然风光,有人文历史,本来都很好,只是这票价,让人觉得有点贵了。

这里应该是我在临安最喜欢的地方了。群山之中,峡谷之上,半山处,人们为了生存,修建了很多梯田。村庄周边,有一些百岁以上的枫树。为了灌溉农田,村中修建了水池。现在整个村子的道路和房屋,都进行了修整,看起来很是美观。这里春天有油菜花,夏天有荷花,秋天有红色的枫叶,是一个四季都有美景的小小村落。大部分时候,我都是一个人旅行。朋友经常会问,就你自己啊?不孤独吗?我没有觉得呀。我在想,我孤独吗?什么是孤独呢?

我整天一个人待着,这应该叫单独,而不是孤独。单独,是一个中性词,是对独自一人的状态描述。寂寞,是你孤单的时候想要热闹,想和其

指南村(李游指数 84.389)

他人待在一起，所以，觉得自己寂寞。孤独，并不是你因为独处就是孤独，也不是因为你觉得寂寞就是孤独。孤独，应该是指想找人说说心里话的时候，却无人可说。这是一种自我感受，别人是无从可知的。不论你是独处的时候，还是身边有人，都可能会有一种孤独感。也就是说，你既有可能独自一人的时候觉得孤独，也可能坐在一群人中而感到孤独。并不是因为你没有朋友或者亲人，而是，你觉得和亲友说这些话，他们可能并不懂，也无法和你产生共鸣，甚至，他们因为不理解或者关心你，而对你说一些让你觉得有点厌烦的话。但你心中又有话想对别人说，你不说出来，会觉得有些憋得慌。你想说给能懂你的人，能和你产生共鸣的人，能和你一起就你想说的话题继续深入讨论的人。我每天一个人旅行，孤孤单单，这是因为，大部分时间我本就不喜欢人多热闹，所以，我并不会觉得寂寞。同时，我也没有什么想和谁说的话，所以，也不会觉得孤独。有时候，我遇到什么事或者想起什么问题和话题的时候，就会和老杨说说。但是，也有连老杨都不想说的时候。这时候，我就会觉得孤独。

比如，我经常会思考人生的意义，而我身边没有一个人可以就此问题和我进行交流。好像他们都不关注和思考这个问题，而这个问题，却是我一直很在意的一个重大问题。所以，在某些时候，我特别想和一个人好好地痛痛快快地聊一场的时候，却发现无人可聊，此时就会觉得很孤独。在我二三十岁的时候，这种孤独感经常会有，特别强烈。当时，我就想整天和别人一起讨论，怎样才能创业，什么样的项目可以让我们创建一个伟大的企业，怎样才能取得巨大的人生成就，怎样做才会有轰轰烈烈的人生……总之，我就是受不了为了活着而活着，为了活着而上班赚钱，受不了平凡的生活。这两年，我好多了，我很少会觉得孤独。虽然，我思考的还是类似的问题，但我已放弃在现实中寻找可以就这类问题与我进行探讨的人。我找到了另一种探讨问题的方式，写作。我把心里的话都写出来，至于有没有人看，有没有人会产生共鸣，我并不在意。我只要写出来，自己心里就舒服多了。

文村（李游指数 83.998）

洞桥镇贤德村附近的文村值得一游。在文村村委会旁边的河流南侧，有两排房子，是由中国美术学院设计的，很有设计感。村子里也有一些老房子，它们和这些新设计的房子相互衬托，很有味道。

富阳博物馆（李游指数 82.239）

从远处一看就认出来了，又是王澍设计的。博物馆的展示布置都挺好，介绍了富阳的自然环境和人文历史。

因黄公望的《富春山居图》，富春江的美丽已为大家所熟悉。我一直在想，为什么浙江的山水风光会特别好看，特别美，主要就是因为，这里有烟雨江南淡墨写意的感觉。这里的山，在大太阳下面看清楚了，反倒不美了。而在阴天或者雨天，山峦间会有淡淡的烟雾，远近高低错落，显得格外有韵味，真的有中国传统山水画的感觉。我一直想用文字来形容，但没有找到合适的词语，直到在富阳博物馆看到四个字，觉得特别贴切。对，就是这四个字——淡墨写意。

今天在博物馆的另外一个收获，就是孙坚孙策孙权父子三人的历史故事。他们是富阳人。三国时期，北边是曹操，西南是刘备，东南是孙权。以前，我一直以为东吴仅仅是指苏州周边地区，现在来看，孙权的东吴地盘很大，包括了今天的苏南、皖南、浙江、江西、湖北、湖南、广西、广东、福建和越南部分地区。在开创和建设东吴的历史中，孙家父子三人功劳很大。另外，通过参观博物馆，了解了富阳的造纸业。富阳有纯手工制作的纸，叫元书纸，是用竹子加工成的，据说还有用人尿浸淋发酵这种工序。直到现在，元书纸都是写书作画的高端用纸。靠山吃山靠海吃海，江南山里盛产竹子，所以，江南人不仅以竹笋为美食，还会把竹子加工成很多产品，除了纸，还有我们日常用的筷子，牙签等，还能加工成高端的竹炭，出口日本。我记得在缙云参观河阳古镇时，也有两百年前的朱姓爷孙，爷爷通过把竹子加工成纸来赚钱，孙子通过把纸卖到苏杭来赚钱。

黄公望隐居地（李游指数79.474）

黄公望，元代画家，常年游历于长三角地区。和那个年代其他读书人一样，本来也想通过考取功名，成就一番事业，不想官运不通，人到中年反遭劫难，四五十岁时开始顿悟，似乎明白了到底应该怎样活。

人啊，最难的，就是明白人生的道理，想好怎样过一生。很多人随波逐流，大家怎么过，他就怎么过。后半生的黄公望，只为画而活。当然，他在这方面也很有天赋。所以，他留下了中国十大名画之一的《富春山居图》。这幅画，他是在70多岁时用了好几年才完成的，主要表现富春江沿岸景色。

黄公望隐居地，就是黄公望在晚年的居所和这幅名画的创作地。虽然现场我们看到的一切，都是近年新建的，但是，为了了解这位画家和这幅名画，也值得来这里看看。景区门票定价50元，我去的时候免费。景区交通车的车费，往返30元，也可以选择步行，两公里，都是平路。路在山谷中蜿蜒而过，沿途有小溪和竹林，景色很美，适合散步。

东梓关村，在场口镇。这个村子，感觉真好。开车进村，首先看到了"中国最美回迁房"，杭派民居，真是漂亮，很有设计感。我以为又是中国美术学院设计的，后来看到资料，才知道不是。至于房子里面感觉怎样，住着是否舒适，我就不知道了。真想进去感受一下。许家大院，是150年前当地大户人家许先生，娶了3个老婆，总共生了10个儿子，儿子都要独立门户，所以总共搞了10个院子，又称为许十房。这种老房子从外面看着挺好，很有历史感，但是进去后的感觉一般都不好，阴森森的，不够敞亮。然而，

东梓关村（李游指数 87.324）

在许家大院的六八房,我第一次有了想住在这里的感觉。天井采光敞亮,每个房间都有外窗,而且,大厅后面居然有一个类似露天阳台的地方,阳台左右是房间,外面是池塘,感觉真好。池塘对面和左面,都是许家其他兄弟的院子。

这个露天阳台舒服极了,我在此流连忘返。许大房和许三房,门口都有一个建在外面的门房,这个设计很实用,既能遮阳挡雨,又有照壁的作用。

整个村子都可以免费参观,游客不多。村里还有安雅堂和长塘厅,这一带的古建筑比较集中,形象统一,值得一看。

也许是因为免费,也许是因为期望值低,也许是因为那个露天阳台,也许是因为无意间遇到的"最美回迁房"……总之,在东梓关村的游览,很愉快。

龙门古镇,在龙门镇。这是一个热门景区,游客挺多的。门票70元,停车费10元。我不知道为什么,对这个景区就是兴奋不起来。也许,是因为东梓关村已经把我的热情消耗完了,也许是因为期望值太高,也许是因为在停车场就让人不爽——当地村民随意收费,而且,只收现金。或者,也许仅仅是因为人家收费了,自己就有了当消费者当"大爷"的心理,觉得工作人员的服务有点不好,心里就不爽。也许,是因为今天太阳好晒,大汗淋漓,人都蔫了……不知道是什么原因,反正,今天下午在这个景区,一直都没有开心起来。

按理说,这个景区应该是很好的。村子

龙门古镇(李游指数82.914)

里有很多老房子,很多小巷子,外观也统一协调,又有孙权后人这样的历史故事。都有了,还想要啥?是啊,这样的景区,应该就是我最喜欢的,但我就是兴奋不起来。

景区挺大,转了半天才转完。其实,也可以不买门票,在古镇里随意转转,那几个验票的景点,进不进去也无所谓。

桐君山(李游指数 80.264)

桐君山,在桐庐县县城旁边,富春江与天目溪交汇处,是一座几十米高的石头山,有台阶路上去,十几分钟就能到山顶。山顶有一座白塔,有一个祠堂。

一个普通的小山,我为何给了这么高的分?这是因为,这个小山后面的历史故事有点大。此山的名字,是为了纪念中国最早的中草药学者,桐君,距今大概四千年。所以,此山虽小,景色也不算特别,却一定要来看看。毕竟距今四千年的中国人,有名有姓的,能有几个呢?与桐君同时代的另外一个人,是黄帝。

这是一个溶洞景区。进去后,要等一下其他的游客,因为每隔一段时间,景区会安排免费的导游带领大家一起参观。这应该是出于安全考虑。至于进去后,导游讲的那些根据石头外形想象出来的动物和人物,我觉得没必要听。

这个溶洞的景色确实不错,应该是周边开发最早的一个景区,看停车场那么大,说明游客应该很多。估计也是受这个景区的启发,周边有这么多溶洞景区。杭州西南的灵山、富阳的富春桃源、通天飞瀑、垂云通天河、天子地,都是溶洞景区。听导游说,挂在洞顶的叫钟乳石,下面的叫石笋,都是因为溶洞里的水富含碳酸钙,长年沉积就形成了各种造型的石头。据说这些石头每100年"长"1厘米。是啊,不论我们的身体,还是我们所处的世界,都在缓慢变化着。所以,我们谈论一切都有一个前提条件,就是时间。在时间面前,没有什么东西是永恒的。

瑶琳仙境景区(李游指数 82.476)

石舍村（李游指数 81.904）

从富春江镇到石舍村，政府在打造一个叫作"慢生活"的乡村旅游路线。我来的那天，早上是小雨，山中云雾缭绕，增加了几分意境。村旁的小溪清澈见底，溪水中裸露的石头也甚是好看。村中有一些古建筑，也有几个雅致的民宿，感觉都很不错。确实有点慢生活的味道，适合来过周末。

在我看来，民宿和农家乐还是有点区别的。其一，经营者身份不同。民宿的经营者常常是有品牌酒店管理经验的业内人士，或者有艺术追求的"小资"，还有一些是想找个景色好的山村居住的财务自由者。他们往往受过高等教育，愿意离开城市过乡村田园生活。而农家乐的经营者，一般多为本地的农民。其二，装修风格不同。民宿可能走复古风，也可以是很有设计感的新式建筑，但内部的设计和装修，可以达到城市里高级酒店的水平给人以品质感和舒适感。而农家乐，让人总有一种回到农村老家的感觉，亲切，但是不够舒适，特别是卫生间的装修设计，总觉得别别扭扭。

严子陵钓台（李游指数 83.927）

先坐船在富春江上兜了一大圈，感受一下"小三峡"的风光，然后就到了严子陵钓台景区，留一个小时参观。之后再坐船到芦茨湾景区转转，感觉不错。

在严子陵景区，一定要爬上东台看看。也不高，70米，台阶路，十几分钟就登顶。站在东台这个悬崖上，可以俯瞰富春江，视线特别好。这里真是一个神奇的地方，周边所有山体都是有坡度的，都长满了树木，只有这里是突出的一块山石，没有树木，陡峭的悬崖，站在这里，感觉真好。

至于说，两千年前严子陵曾坐在这里垂钓，我就觉得太瞎扯了。会有人在几十米高的地方钓鱼？而且，现在这里是修了富春江大坝，水位变高了，以前在这个悬崖上面，离水面估计有上百米，得用多长的线钓鱼？

当然，既然是传说，可能还是会有些许关联，总不至于是无中生有。毕竟这是两千年前汉朝的事情，当时很多事已经有详细的文字记载了。

严光，字子陵，东汉著名隐士。他为何有名呢？是因为他的朋友，刘秀。刘秀当了东汉的开国皇帝，多次邀请子陵来当官，想着能和之前一样，好朋友一起聊聊天，没想到子陵拒绝了。刘秀皇帝再邀，子陵再拒……就这样，你来我往，大家都知道了。这就是中国古代文人圈子里一个挺有意思的现象。既然是隐士，就不应该再被大家关注。一个本来普通的文人，因为隐了，反倒出名了。太多文人向往官场了，所以像严子陵这样真正不慕权势的文人，后世会特别崇拜和仰慕。因此，严子陵成了很多不得志者，或者在官场失意的文人的歌颂对象。尤其是北宋的范仲淹，为严子陵留下一个著名的词——山高水长。真是有才啊。范仲淹的另一句名言：先天下之忧而忧，后天下之乐而乐，至今都在影响着我们。

芦茨村（李游指数88.175）

从芦茨湾进来，就是芦茨村。很漂亮的一个村子，中间一条小溪，叫芦茨溪，两边是青山。芦茨溪在村头来了两个大转弯，很美。而且，这里的山都有百米高的悬崖峭壁，很是漂亮。

村里有几个很不错的民宿，为秀美的自然风光增加了艺术美感。尤其是吊桥旁边的花筑慕溪晓庐民宿，三层的玻璃幕墙结构的小楼，放在这样的绿水青山中，居然会有一种协调的美感。想去住一晚，上携程看了一下，六七百元。嗯，等将来有钱了，一定来住一晚。村口还有一个比较大的酒店，看着也很不错，叫芦茨1号度假酒店，携程上的价格是两三百元。嗯，这个适合我的消费水平。

这里的小溪不仅可以欣赏，还可以下水玩。我看到有各种游乐的船，还有人下水游泳，感觉真好。

新安江水电站（李游指数 80.724）

因为有了新安江水电站，才有了千岛湖。千岛湖，就是新安江水库。大坝高 100 米，建于中华人民共和国成立后不久。水库淹没区很大，是当时为数不多的大型水利设施。只是，估计当时谁都没有想到，这个水库后来最为著名的，居然是它的旅游价值。

千岛湖是华东知名旅游景区，估计当时大坝的建设者们更没有想到的是，水库里的水还可以卖钱。农夫山泉，有点甜。这里就是农夫山泉起家的地方，也是农夫山泉最早的水源地。当时为修大坝专门修建的铁路，现在也正好可以用来运输农夫山泉的瓶装水。在大坝旁边看到了农夫山泉的厂房和物流园，真是有点恍若隔世的感觉。我平常只喝农夫山泉的瓶装水，昨天还在宾馆楼下超市里买了 6 瓶。我当时还纳闷，这水在哪里买都是 2 块钱一瓶，昨天怎么只收了我 9 块钱？今天算是明白了，建德市区距离农夫山泉的工厂只有几公里，这运费算是省下来了。我今天下午站在水库边还在想，建德市里的自来水，应该用的就是这水库里的水吧，那我还买农夫山泉干吗？直接喝自来水得了。这么一想，就觉得建德人民太幸福了。

今天是中国旅游日,中国很多景区都有不同折扣的优惠,有一些甚至可以免费游览。中国旅游日之所以定为5月19日,是因为徐霞客。《徐霞客游记》的首篇《游天台山日记》的开篇之

大慈岩景区(李游指数 88.804)

日,就是5月19日。徐霞客用了30年的时间,游历中国大地。我现在想步他的后尘,也打算用30年的时间,游遍中国。

刚到这个景区,感觉并不好,因为游客很少,工作人员的服务也一般。但当我从破破烂烂的缆车里出来后,没走几步就到了清音阁的山门,却一下子喜欢上了这里。

站在这里鸟瞰山下风光,视线和风景都很好。这里凉风徐徐,很是惬意。从这里沿着山腰的小路,走个半小时左右,就到了地藏王大殿。地藏王大殿建造在悬崖的山洞中,因此也被称为江南悬空寺。我最喜欢的还是清音阁这个地方,使我流连忘返。

清音阁里供奉着三组塑像。左边是孔子,代表儒家,中间是太上老君,代表道教,右边是阿弥陀佛,代表佛教。门口的对联,上联是"治世治身治心诸法无非三派",下联是"利国利家利民万事莫此一宗"。

这个寺庙没有和尚。如果将来我什么都不愿意干了,想去某个寺院的话,这里将是我最理想的选择。

新叶村（李游指数 87.795）

新叶村，一个值得一看的古村落。村子里的古建筑比较多，徽派建筑风格，集中连片，形象统一。村子已经有八百年的历史了，村里还有明清时期的老房子。村口有一座砖塔，应该是明朝的，很少见。砖塔旁边有一个古建筑，叫文昌阁。它们两个相互呼应，很有历史感。

游客很少，村子原汁原味，没有过度商业化。村口还有果蔬园，可以采摘。只是村子里不能提供高品质的餐饮和住宿，如果再有几家高规格的民宿，就完美了。

开车来的路上，快到村子的时候，看到一座大山，山形立体，千仞高耸，很好看。

严州自唐朝时期开始设州府，距今已有一千四百年。当时州府的所在地，就是今天建德市的梅城镇。

说起来，这个梅城镇可真是运气不好。在过去一百年里，从州府降为县，从县降

严州古城（李游指数 80.323）

为乡镇。这让我想起云南省怒江州（怒江傈僳族自治州）那个叫知子罗的地方，五十年前还是怒江州州府所在地，然后成了碧江县城，再后来成了乡镇，最后，连乡镇的地位都没有维持住，现在只是一个村子。另外一个相反的例子则是石家庄，因为铁路路建设，从一个村子变成一个城市，最后成了省会。梅城镇所在位置比较特别，是新安江与兰江的汇合处，两江汇合后，始称富春江。富春江过了富阳后继续东流，到了萧山境内，就叫钱塘江。一百年前，这里的运输主要靠江上行船。八百年前龙泉的瓷器，也是靠船走瓯江到温州出海现在有了高速公路和火车，能够解决大部分交通运输问题。因此，过去把州府设立在梅城这个两江交汇处，非常合适；如今陆上运输发达，梅城作为曾经的水上枢纽，地位也发生了改变。得益于浙江近几年兴起的"小镇"建设热潮，加之梅城过去的历史底蕴，现在终于要开始整体改造提升了，当地政府致力于打造一个崭新的严州古城，现在已经初具规模，可以看到老城墙、老房子和古代的牌坊。让我们期待这个曾经的水上都市能够重现辉煌。

淳安博物馆（李游指数 83.104）

淳安博物馆的建筑别致，布展新颖，观感舒适，只是有一个大部分博物馆都存在的问题，那就是通风不好。不过一个县城的博物馆能做成这样，已经很好了。

参观后的感触是，淳安历史

上，真是人才辈出啊。

我是第一次听说中国历史上还有过女性起义者。距今一千三百多年前的唐朝,淳安女子陈硕真率众起义,自称"文佳皇帝",响应者数以万计。四百多年后的宋朝,淳安人方腊也揭竿而起。据说方腊起义,就是受了陈硕真故事的影响。

八百多年前,淳安有两位女子先后成为南宋朝的皇太后。在博物馆看到了其中一位名叫杨桂枝的皇太后所留的书画作品,虽然我不懂书法绘画,但也能看出这样的女子,放在哪个时代,都算得上才艺过人。

距今六百年前的明朝,淳安出过一位"三元宰相",商辂(lù)。此人确实不同凡响,在科举考试中,乡试、会试、殿试,全部考了第一名,因此被称为"三元"。商辂历任兵部尚书、吏部尚书、户部尚书,文渊阁大学士、太子少保,主持过《宋元通鉴纲目》的修纂工作,参与国家机要事务,成为内阁大臣,因此被后世尊称为"宰相"。

虽然商辂很优秀,但是,对于普通百姓来说,淳安历史上知名度最高的官,可能还是海瑞。海瑞之所以这么出名,我想主要是因为三点。

第一,他为官清廉。第二,他心系普通百姓。第三,他敢于得罪权贵,甚至皇帝。

虽然我并不完全认可海瑞的一些行为,但是,我赞颂他对我国历史和文化的贡献。今天在博物馆,看到他写的一段话,让我感动得热泪盈眶:

> 君子何为而仕于人哉?天生一物,即所以生万物之理;故一人之身,万物之理,无不备焉。万物之理,备于一人。举凡天下之人,见天下之有饥寒疾苦者,必哀之;见天下之有冤抑沉郁不得其平者,必为忿之。哀之,忿之,情不能已,仕之所由来也。

由此可见,海瑞是一个理想主义者,他有自己坚定而明确的价值观,并真真切切地做到了"知行合一"。

芹川村，是一个古村落。一条小溪从村中穿过，沿小溪两岸，有很多仿古建筑。村里有建于明清时期的民居，村口有古桥和古树。这里游客不多，安静舒适，适合找个民宿待几天，放松心情。

芹川村（李游指数 83.147）

千岛湖景区是浙江省内很有名的一个景区。我在淳安县待了三天，今天终于进入这个景区游玩。千岛湖景区包括中心湖区和东南湖区两处，是要分开游览的。我今天去的是中心湖区，总体感觉一般。

门票加船票近 200 元，这是进入中心湖区最便宜的方式了。游览时间大概需要 5 个小时，所以，只有上午 8 点到中午可以进入，下午是不能进入景区游玩的。检票进入，码头船很多，一艘船坐满后就开船。

千岛湖景区之中心湖区（李游指数 83.466）

船在湖上行走了大概半个小时就到了第一个岛，梅峰岛。这是中心湖区最重要的岛，也是整个千岛湖最重要的观景处。岛上有缆车，票价60元，包含返程票。上了缆车，几分钟就到达山顶观光平台。再步行上山，大概15分钟，也就到山顶了。山顶观光平台是千岛湖景区最经典的拍照"打卡"

地点，看一会儿风景，拍了照片，就可下山走人。

上船继续前行，大概20分钟，就到了第二个岛，渔乐岛，刚好是午饭时间，自助餐有35元和55元两个档位，因为价格不贵，所以也没有抱太大期望。我买了55元的餐券，结果也是预料之中的难吃。

然后，继续坐船到第三个岛，龙山岛。海瑞的海公祠就在这个岛上，因为遂安县城和淳安县城在60年前建水库的时候，已经淹没在水底了，所以这个岛上的所有人文景点，都是后来新建的。海公祠是1985年所建，值得去看看。这次的游览感受不好，可能是因为赶上阴天，视线不好，没有看出千岛湖的秀美和气势来。也可能是因为在船上被随船导游推销景区的消费吵嚷得太烦躁。也许是因为那个糟糕的55元快餐，也许是因为33元的高价停车费，也许是因为售票处工作人员爱答不理的态度且只能用支付宝而不能用微信支付，也许是因为这个景区的景色单调，看来看去都是这些绿水青山而已……

总之，这一次的游览没有给我带来多少愉悦，只能说，感觉很一般吧。

千岛湖景区之东南湖区（李游指数 84.544）

  千岛湖景区的停车场不错，有室内停车位。停车费和中心湖区的一样贵，应该是按照小时收费的。今天总共收了我 40 块钱。

  因为昨天游览了千岛湖中心湖区，所以，今天来东南湖区是免收景区门票的。买了船票后进入景区，东南湖区的游客很少，船要等游客坐满了才出发，结果等了一个小时，人也没有坐满。等到上午十点半，终于出发了。

  今天坐船游览了三个岛，分别是密山岛、天池岛、黄山尖，总共耗时约 6 个小时。密山岛，上面只有一个密山禅寺可供游览。天池岛，就是一个吃饭的地方，另外，有几只鸟可以看。其实这里有南宋采石场遗址，是难得的人文历史遗迹，却被搞成了"天池"。黄山尖，才是所有来东南湖区游客的目标,缆车车票50元,可供上下往返。乘坐缆车可直达山顶观光台,在那里俯瞰千岛湖,风景美极了。

其实,千岛湖景区值得一去的地方,也就两个地点:一是中心湖区的梅峰观景台,一是东南湖区的黄山尖观景台。如果自己乘船专程去这两处的话,一个小时足矣。感觉景区是为了让游客多耗费时间,多花钱消费,所以,安排了这么多没什么风景的岛,这样一来,游客至少得在淳安县城住一晚上,吃两顿饭了。对于此做法,我理性上能够理解,感性上很难接受。

嘉兴市

嘉兴市位于浙江省东北角的三地交界处，北边是江苏苏州，东边是上海，西边是湖州和杭州，南边是绍兴。面积近四千平方公里，全部是低海拔的平原，河网密布，是典型的江南水乡。按照行政区来说，嘉兴市是地级市，下辖两县两区，即嘉善县、海盐县，秀洲区和市政府所在的南湖区，代管三个县级市，即平湖市、海宁市和桐乡市。全市总人口约540万人，经济发展水平较高。

嘉兴市共有40个文旅景点，我用了15天去游览和感受。乌镇和南湖，应该是嘉兴最出名的两个景区，而我对它们的评价都不算高。我最喜欢的是马家浜文化博物馆，不过也许有游客对它所展示的史前文明不感兴趣。

我对嘉兴40个文旅景点的排名如下：

1
马家浜文化博物馆
李游指数
89.100

嘉兴市区

2
海宁城区
李游指数
83.442

海宁市

3
嘉善博物馆
李游指数
83.344

嘉善县

4
木心美术馆
李游指数
81.999

桐乡市

5
沈钧儒故居
李游指数
81.866

嘉兴市区

6
西塘古镇景区
李游指数
81.511

嘉善县

7
南湖景区

李游指数
81.100

嘉兴市区

8
乌镇景区

李游指数
80.555

桐乡市

9
南湖革命纪念馆

李游指数
80.300

嘉兴市区

10
平湖城区

李游指数
80.038

平湖市

11
莫氏庄园

李游指数
79.955

平湖市

12
桐乡博物馆

李游指数
77.770

桐乡市

13
乍浦炮台

李游指数
77.744

平湖市

14
文生修道院

李游指数
76.840

嘉兴市区

15
海盐博物馆

李游指数
76.699

海盐县

16
月河历史街区

李游指数
75.300

嘉兴市区

17
盐官

李游指数
74.444

海宁市

18
金庸故居

李游指数
71.414

海宁市

19
嘉善县城

李游指数
70.883

嘉善县

20
徐志摩故居

李游指数
70.303

海宁市

21
嘉兴城区

李游指数
70.100

嘉兴市区

22
南北湖景区

李游指数
69.887

海盐县

23
嘉兴博物馆

李游指数
69.200

嘉兴市区

24
梅花洲景区

李游指数
68.300

嘉兴市区

25
丰子恺故居

李游指数
66.777

桐乡市

26
绮园

李游指数
64.777

海盐县

27
桐乡城区

李游指数
62.443

桐乡市

28
海盐县城

李游指数
62.331

海盐县

29
罗家角遗址

李游指数
62.221

桐乡市

30
王店粮仓群

李游指数
58.400

嘉兴市区

31
中钱钱家祠堂

李游指数
57.779

海盐县

32
平湖博物馆

李游指数
57.774

平湖市

33
南河浜遗址

李游指数
57.700

嘉兴市区

34
谭家湾遗址

李游指数
56.662

桐乡市

35
吴镇墓

李游指数
52.223

嘉善县

36
庄桥坟遗址

李游指数
52.220

平湖市

37
海宁博物馆
李游指数
51.577

海宁市

38
新地里遗址
李游指数
51.414

桐乡市

39
惠力寺经幢
李游指数
51.177

海宁市

40
马鸣老街
李游指数
45.565

桐乡市

西塘古镇景区（李游指数 81.511）

这是一个典型的江南水乡小镇，小桥流水人家。沿河两岸，都是白墙灰瓦的仿古建筑。街道两侧布满小店，和全国各地的古镇商业街一样，都是些长沙臭豆腐、各式饮品、酸奶、古装店、小餐馆、酒吧，没有什么特色。

　　如果这是一个开放式的古镇，可能不会那么令人失望。但当你花了100元的门票，把它当作收费景区游览后，就会有种"没啥意思"的感觉。

嘉善博物馆
（李游指数 83.344）

　　一个县城的博物馆做得这么好，值得赞扬。

　　博物馆和图书馆，在同一座建筑物中，建筑外形很有设计感，地下车库清洁卫生，车位充足且免费。博物馆内的历史主题展示，布展设计好，既清晰又细致。从六千多年前的马家浜文化到中华人民共和国的成立，按照时间轴进行了展示，让参观者可以对这个小县城有系统且全面的了解。对一些数字印象深刻：500平方公里的嘉善县，居然有2000多条河道。水网密布，可见一斑。另外，嘉善周边平原地区，作为宋明清时期国家重要的粮仓，在历史上一直税赋很重。

盐官（李游指数 74.444）

来之前对盐官充满了期待，特意留了一整天的时间，准备好好享受一下。却没想到，著名的钱塘江大潮景观加上四个国保文物保护单位，参观下来却感觉糟糕极了。

盐官观潮胜地公园，是在沿着钱塘江北岸的堤坝上布置了很多台阶和观潮台，专门用于观潮。农历八月十八是最好的观潮日，平常则看不到什么潮，所以也就没有什么游客了。

四个全国重点文物保护单位，分别是海神庙、陈阁老宅、安国寺经幢、王国维故居。海神庙正常开放，只是几座古建筑。陈阁老宅，周边封堵，无法靠近，进入不了。安国寺经幢，只有一个小院子，门锁着进不去，只隔着围墙看到一点，周边都是拆迁工地。全国重点文物保护单位的牌子，也是紧靠围墙，被绿化带遮挡住大半。王国维故居倒是好端端的，但就是没有开放。

盐官，在中华人民共和国成立之前的一千三百年里，一直都是海宁县城所在地。有这么多人文历史，加上一个自然景观，却让游客有这么不好的游览感受。唯一值得肯定的是，所有景点都免费，停车场也是免费的。海盐和海宁这一段的钱塘江海塘也是全国重点文物保护单位，现存的古代海塘是用木条打的基础，上面纵横放置条石，叫作鱼鳞石塘。

乌镇景区（李游指数 80.555）

  乌镇景区包括东西栅栏两个相距不远的景区，联票是 190 元，真贵。东栅栏景区，是比较原生态的本地居民生活的老街，白墙灰瓦，小桥流水人家。每个江南水乡的古镇，好像都是这个样子，随手拍张照片，真是区别不出来。茅盾故居在东栅栏景区里面，是全国重点文物保护单位。

  西栅栏景区是整修过的老街，商业化开发已经很成熟了。一进去就是乌镇大剧院，建筑别致，但谈不上多有美感。然后，就是很有设计感的木心美术馆。再里面，就是江南水乡古镇了。也许是看多了，转了一圈，没有什么特别的感受。

  景区附近是互联网之光博览中心，世界互联网大会的永久会址。

嘉兴市区包括秀洲区和南湖区，约1000平方公里，约100万人口。江南水乡，经济较为发达，城市不够繁华。

现在是江南的梅雨季节，每天都是阴雨霏霏，到处湿漉漉的，鞋子洗了好几天都不干。江南的气候其实并不宜人。冬天湿冷，夏天闷热，只有春秋两季算是舒适。我还是更喜欢北方的气候，四季分明，冬天干冷有雪有暖气，夏天干热有凉拌菜和西瓜，春秋更是舒适宜人。像北方的青岛、烟台、天津、北京、秦皇岛，一直到大连环渤海湾这一带，都是这样的气候。我老家陕西关中，气候就不好，干旱缺水尘土大。

难得今天不下雨，在嘉兴城区开车和骑自行车大概转了一下。嘉兴城区，由两个行政区组成，秀洲区和南湖区。秀洲区在西北方向，南湖区在东南方向，最中心的地方就是老城区。嘉兴市区，目前建设得比较好，看起来"高大上"的地方有三块：一个是市政府向南方向，沿南湖大道周边；二是南湖区政府东南侧，广益路周边；三是秀洲区政府南侧周边。总体来看，南湖区比秀洲区更繁荣一些。老城区，是以瓶山公园和子城遗址公园为中心的周边地带。子城遗址是全国重点文物保护单位，周边封闭，无法进去参观。嘉兴市区很多道路和沿街的房子都在改造提升。这是好事，城市形象提升，最终整个城市的人民都会收益。只是，我作为一个游客刚好赶上这个施工期，就很不愉快了。

嘉兴市区

沈钧儒故居（李游指数 81.866）

沈钧儒故居，是全国重点文物保护单位。沈钧儒是著名爱国民主人士，他的一生，有着中国近代巨变的历史背景。在这样一个身在其中谁也无法看清未来的大变局中，参与政治还能够善始善终的人很少。而沈钧儒却做到了。他 15 岁考上秀才，29 岁中进士，作为中国传统社会中名门望族的后生，他走得很顺利。但是，之后的路，他开始"用脑子"了，要走"自己"的路。本来清政府给他安排了职位，但他却没有做官，而是前往日本留学。之后，大清没了，进入民国时代，作为同盟会和国民党的成员，他当上了浙江省的教育厅厅长。日本侵华，他愤然大呼，号召民众抗日救国，却因与共产党的抗日主张一致，而被国民党抓进监狱。作为民盟的负责人，中华人民共和国成立后，他担任全国政协副主席和最高法院院长。

　　看照片，沈钧儒身高应该不到一米六。我也很矮，所以，备受鼓舞。

我经常跟女儿说,统治人类的,不是身高,是思想。爱国者常见,但爱国并从政,在每个时代都有所作为的人,估计不多。

马家浜文化博物馆(李游指数 89.100)

本来想在马家浜文化博物馆看一眼逛一圈就走,没想到,走不了了。马家浜文化博物馆,展陈做得太好了,一进去就被吸引住了。入口处的论文照片都被我仔细读了一遍,觉得不过瘾,在展厅看了一个多小时才回宾馆。

马家浜遗址是全国重点文物保护单位。马家浜文化,是指距今 7000 年到 6000 年之间,主要分布于太湖周边地区的史前文化,以马家浜遗址的发现地来命名。

环太湖地区,包括今天的上海市、苏州、无锡、常州、嘉兴、湖州、杭州北部,目前已发现了史前时期比较清晰完整的人类发展过程,从最早的马家浜文化（大概距今 7000—6000 年），到崧泽文化（大概距今 6000—5000 年），到良渚文化（大概距今 5000—4000 年）。环太湖地区距今 4000 年到 2500 年之间这 1500 年的历史，目前了解得还很少，距今 2500 年，就是春秋的吴越时期，之后就和中国其他地方一样，有了明确的历史记载，直到今天。

现在可以确定的是，江南地区的马家浜文化，与同时期中原地区的仰韶文化，是中国历史发展的重要转折期。此后，中国逐步进入国家文明阶段。此前，中国还是原始部落阶段。马家浜文化博物馆，给了我很多启迪，让我收获良多。浜（bāng），指小河沟。圩（wéi），指防水护田的堤岸。这两个字，在江南地区常用于地名，都与当地河湖密布的水乡地貌有关。

南湖景区（李游指数 81.100）

南湖景区是免票的，如果要乘坐游船，则需要买 20 元的船票。这里是性价比很高的一个景区，也是嘉兴市中心的一个大公园。湖心岛旁，有一个小船，是 1921 年中国共产党第一次全国代表大会最后一天开会的地方，是全国重点文物保护单位。伍相祠，是为了纪念伍子胥而修建的，里面有一个塔，可以登上去。在塔上的露台，可以鸟瞰四周风景，整个南湖尽收眼底，旁边的嘉兴老城区也能看得真切，是一个登高望远的好地方。

绍兴市位于浙江省北部,北边是嘉兴,东边是宁波,南边是台州,西边是杭州。全市人口500多万,经济发展水平较高。作为一个地名,绍兴在全国有一定知名度,这可能都归功于鲁迅。

绍兴市

绍兴市位于浙江省中北部，北边是嘉兴，东边是宁波，南边是台州和金华，西边是杭州。面积8000多平方公里，北部是河网密布的江南平原，南部是山清水秀的山区。按照行政区划，地级绍兴市下辖一县三区，即新昌县、上虞区、柯桥区和市政府所在的越城区，代管两个县级市，即嵊州市和诸暨市。全市人口500多万人，经济发展水平较高。

作为一个地名，绍兴在全国有一定知名度，这可能都归功于鲁迅。绍兴市共有75个文旅景点，我用了21天来游览和感受。

我对绍兴75个文旅景点的排名如下：

1
兜率天景区
李游指数
90.823
柯桥区

2
柯岩景区
李游指数
89.505
柯桥区

3
西施故里
李游指数
88.808
诸暨市

4
兰亭景区
李游指数
88.706
柯桥区

5
印山战国王陵
李游指数
87.901
柯桥区

6
大佛寺景区
李游指数
85.530
新昌县

7
鼓山公园
李游指数
84.744
新昌县

8
柯桥城区
李游指数
84.730
柯桥区

9
曹娥庙
李游指数
84.400
上虞区

10
鲁迅故居
李游指数
84.170
越城区

11
崇仁古镇
李游指数
83.881

嵊州市

12
新昌博物馆
李游指数
83.007

新昌县

13
千柱屋景区
李游指数
82.900

诸暨市

14
诸暨城区
李游指数
82.622

诸暨市

15
王充墓
李游指数
82.600

上虞区

16
绍兴博物馆
李游指数
81.780

越城区

17
丝绸世界景区
李游指数
81.771

新昌县

18
春晖中学旧址
李游指数
81.600

上虞区

19
蕺山公园
李游指数
81.044

越城区

20
覆卮山
李游指数
81.003

上虞区

21
新昌县城
李游指数
80.999

新昌县

22
书圣故里
李游指数
80.795

越城区

23
吕府
李游指数
80.770

越城区

24
炉峰禅寺
李游指数
80.755

越城区

25
府山公园
李游指数
80.514

越城区

26
上虞城区
李游指数
80.400

上虞区

27
枫桥大庙
李游指数
80.004

诸暨市

28
中国香榧博物馆
李游指数
79.808

诸暨市

29
十九峰景区
李游指数
79.667

新昌县

30
舜王庙
李游指数
79.309

柯桥区

31
华堂王氏宗祠
李游指数
78.960

嵊州市

32
五泄景区
李游指数
78.030

诸暨市

33
凤凰山窑址群
李游指数
77.900

上虞区

34
王守仁墓
李游指数
77.413

柯桥区

35
大禹陵
李游指数
77.360

越城区

36
小仙坛青瓷窑址
李游指数
76.800

上虞区

37
蔡元培故居
李游指数
76.790

越城区

38
王羲之墓
李游指数
76.606

嵊州市

39
大通学堂
李游指数
75.880

越城区

40
梅渚古村
李游指数
75.855

新昌县

41
安昌古镇
李游指数
74.407

柯桥区

42
枫桥经验陈列馆
李游指数
72.701

诸暨市

43
周恩来纪念馆
李游指数
72.320

越城区

44
班竹村
李游指数
72.299

新昌县

45
丰惠古镇
李游指数
71.901

上虞区

46
绍兴城区
李游指数
71.877

越城区

47
嵊州城区
李游指数
71.811

嵊州市

48
宋六陵
李游指数
71.711

越城区

49
沈园
李游指数
71.651

越城区

50
东山景区
李游指数
70.777

上虞区

51
徐锡麟故居
李游指数
69.866

越城区

52
绍兴古桥群
李游指数
69.860

越城区

53
大善塔
李游指数
69.840

越城区

54
东湖景区
李游指数
69.599

越城区

55
贺秘监祠
李游指数
67.710

越城区

56
鉴湖公园
李游指数
67.334

越城区

57
马演初故居
李游指数
66.800

嵊州市

58
柯桥博物馆
李游指数
66.410

柯桥区

59
斗岩景区
李游指数
66.406

诸暨市

60
富盛窑址
李游指数
66.100

越城区

61
仓桥直街
李游指数
65.440

越城区

62
东化成寺塔
李游指数
64.630

诸暨市

63
上虞博物馆
李游指数
64.604

上虞区

64
普净寺
李游指数
62.900

上虞区

65
徐渭墓
李游指数
62.510

柯桥区

66
小黄山遗址
李游指数
62.220

嵊州市

67
汉建初元年买地刻石
李游指数
61.600

越城区

68
祝家庄景区
李游指数
61.110

上虞区

69
秋瑾故居
李游指数
58.000

越城区

70
百丈飞瀑景区
李游指数
56.336

嵊州市

71
青藤书屋
李游指数
54.800

越城区

72
马一浮故居
李游指数
51.606

上虞区

73
诸暨博物馆
李游指数
51.303

诸暨市

74
越剧博物馆
李游指数
42.400

嵊州市

75
凤鸣山景区
李游指数
40.400

上虞区

曹娥庙（李游指数 84.400）

曹娥庙是全国重点文物保护单位。庙门锁着，无法进去参观。旁边的中华孝德园可以免费参观，但是没啥意思。

曹娥是距今1900年前一个14岁的女孩，她父亲意外溺水而亡，她要找寻父亲尸身，沿江哭喊多日，终未寻得。心急之下，跳江追父而去。结果，她的尸体却抱着父亲的尸体漂浮到江边。当时此地的官民都被此女的孝心感动，于是立碑建庙，以示褒扬。后来，此地改名为曹娥镇，此江改名为曹娥江。宋、明、清三朝皇帝，都有圣旨，加封曹娥。曹娥，堪称中国孝女第一人。

王充墓（李游指数 82.600）

王充墓，百度地图上的标注不太准确。幸好国道上有一个指示牌，上面写着右转进去1公里即是。右转进入一个茶园，一直开，大概1公里，在路左侧会看到王充墓。周边都是茶园，环境很好。墓道有两排笔直的水杉树，显得庄严肃穆。王充，上虞本地人，东汉时期著名的哲学家，留有古代哲学名著《论衡》。

崇仁古镇（李游指数 83.881）

崇仁古镇有100多栋老建筑，大都是清朝和民国的，最早的有明末的，集中在一起，很有味道。这里不收门票，也没有什么游客，但感觉很好。这里的老建筑，都叫"台门"，应该就是大户人家的意思。这里有一二十栋古建筑，都是全国重点文物保护单位，入选名录的名字是"崇仁村建筑群"。

大佛寺景区（李游指数 85.530）

大佛寺景区在新昌县城。这是一个在江南佛教历史上有重要影响的寺院，其中，石弥勒像和千佛岩造像距今已有约1500年，是全国重点文物保护单位。石弥勒像，高14米，曾被称为江南第一大佛，历时30年雕刻而成，与洛阳龙门石窟产生于同一个时代，是当时佛像向南传播的重要存证。景区里还有多处明代采石场的遗址，看着整座大山被五百年前的人们，靠人力一点一点地切割出几十米高的壮观断面，很是感慨。

历史厚重，留存珍贵，风景秀丽，这是一个让人喜欢的景区。

西施故里（李游指数 88.808）

喜欢美食和美色，是人的天性。所以，任何一个听说过西施的人，都会记住这个名字。这个名字，确实也很特别。

西施不姓西，而姓施，因为住在浣（huàn）纱江西边，所以被称为西施。这个景区分为两个部分，河西岸是西施殿，是祭祀西施的地方，是整个景区的核心景点。河东岸是一个开放式公园，里面分布了4个收费的景点：中国历代名媛馆、郑氏宗祠、范蠡祠、民俗馆。西施，位居中国古代四大美女之首。她到底有多美，我们无从考证，只能想象了。

千柱屋景区（李游指数 82.900）

千柱屋景区，在斯宅村。包括千柱屋（斯盛居）、发祥居、华国公别墅在内的三处古建筑，是全国重点文物保护单位，正式的名称为"斯氏古民居建筑群"。千柱屋是二百多年前当地富商斯元儒投资建设的私宅，这宅子太大了。

宽 120 米，深 60 米，中间一座正厅，两侧还有 8 个两层楼的四合院，总共 120 间房子，按照现在农村家庭用房，可以住 30 户人家。这是我目前游览过的最大的古代私宅。现在里面大都还住着人家，很有生活气息，感觉不错。

柯岩景区是古代一个采石场的遗迹。此采石场，开始于 2500 年前的越国时期，采来的石头用于建造越国首都（绍兴）。一座柯岩山，被采石者挖去大半，不知何故，独留这两块巨石孤零零地竖立在中间，而且，一个留得这么有"型"，一个被后世在中间挖空凿刻出一尊大佛。惊喜之余，在崖壁上留下题刻，又增加了景点的人文色彩。

柯岩造像和摩崖题刻，是全国重点文物保护单位。柯岩景区还有另外两个景点，一个是鉴湖，一个是鲁镇。鉴湖，是距今 1900 多年的东汉时期，由会稽太守马臻（zhēn）带领百姓修建的大型水利工程，有效地解决了洪涝灾害，为之后千年绍兴地区的农业发展发挥了积极的作用。鉴湖景区内，有一段古纤道（白玉长堤），是古代纤夫拉船走的路，也是全国重点文物保护单位。

柯岩景区（李游指数 89.505）

兜率天景区（李游指数 90.823）

兜率天是佛教名词。这个景区本来叫大香林，据说是因为有很多桂花树，秋天桂花飘香，所以叫大香林。近年在这附近的两座山上分别建了龙华寺和天宫，这一片就成了兜率天景区。龙华寺按照皇家寺庙规制建造，红墙黄瓦，很是气派。天宫，真的是让人惊艳，太美了。从远处就能看见，仿佛是给一座山的头上戴了个皇冠一样。走到宫门下，抬头仰望，真是壮美非常。沿着台阶爬到最高平台，回望龙华寺，真是漂亮。西边山峦间一座红白相间的宝塔，正南边山上是龙华寺，中间点缀着一个碧绿的湖水，东边和北边群山环绕，再远处是杭州湾平原，东北方向可以看见柯桥市区，东南方向依稀可见绍兴市中心的林立高楼。

下午两点刚进景区的时候，太阳暴晒，不得不打着伞，没想到，半个小时后，到了天宫顶部平台，电闪雷鸣，狂风暴雨，幸好有伞。刹那间，四周的群山又成了烟雨江南，层峦叠嶂中淡墨写意，叫我怎能不心生欢喜，这真叫一个美啊。

兰亭景区（李游指数 88.706）

兰亭景区，据说是王羲之写就《兰亭集序》的地方。一千七百多年前，农历三月初三是一个郊游聚会的小节日，王羲之邀请谢安等名流一起，到兰亭这个地方聚会，仆人把放了一杯酒的盘子置于院子里的水池上，众人围坐在池水旁，酒杯漂到谁的面前，谁就作诗一首，作不出者，罚酒一杯。结束的时候，将众人的诗词结集成册，王羲之为此诗册写了一个序，即为《兰亭集序》。《兰亭集序》被后世多位皇帝推崇，尤其是唐朝皇帝李世民、宋朝皇帝赵构、清朝皇帝乾隆。李世民死的时候，直接把《兰亭集序》"带走"了，据说现在还在昭陵里。这个景区有兰亭、王羲之祠、书法博物馆。书法博物馆的参观体验很好。

印山战国王陵（李游指数 87.901）

　　印山战国王陵是全国重点文物保护单位。印山，是这座小山的名字，因为它原来的模样，看起来像一枚印章的造型。这座古墓是二十多年前发掘的，目前可以确定的是，它是距今两千五百年左右战国时期的墓，墓的主人应该是一位国王，所以，国家将其命名为印山战国王陵。发掘现场已经进行了保护和展示，可以进去参观。据展厅资料里介绍的信息，这是古代越国国王允常的墓葬。允常，是勾践的父亲。勾践，就是那位把西施送给吴国、自己卧薪尝胆复兴越国的国王。但是，我仔细看了现场的展示资料，对于此墓的主人是谁，都只是猜测。因为，在墓中，并没有发现文字证据可以证明此墓的主人是允常。

　　这是我第一次看到战国时期的王陵，确实很震撼。虽然它没有兵马俑那样的大排场，但是，墓葬的技术和工艺确实很高级。整个墓葬最重要的技术就是防水。两千五百年前的人们采用了这样的方式：底部铺了厚度为1.6米的木炭，然后，用方木搭成三角形的墓室，墓室上面覆盖了140层的树皮，树皮上面再覆盖1米多厚的木炭，木炭外面再覆盖青膏泥，青膏泥上面分层填筑夯土。如果不是被多次盗墓破坏了整个墓葬的防水系统，这个墓室打开的时候，内部应该是不会腐朽的。如果真是那样，我们会看到多少惊艳的东西，又会了解到多少越国时期的事情。真是可惜啊。

绍兴市区

越城区，是绍兴市的主城区，面积500平方公里，位于会稽山北侧，杭州湾南岸，水网密布，经济发达，人口80万人。自然景观较少，人文历史丰富。

绍兴市区，有三个行政区，上虞区、柯桥区、越城区。但是，因为并没有连成一片，所以，其实，是三个城区，各不相关。绍兴主城区是越城区。市区不大，主要就是二环路以内的区域，大概是一个10公里乘以10公里的正方形。其中，一环路之内，都是以前的老城区。现在，城市在往北发展，在修地铁。一环之内的老城，还有很多白墙灰瓦的老房子，石条小巷，石拱小桥，别有一番味道。越城区，对于绍兴其他城区和下属县市的吸引力并不大，凝聚度不够。高楼不多，就城东世茂那儿有一些，城北新区有一些。作为中国经济发达地区的地级市，感觉这里的建设水平不够好，道路坑洼不平，尘土飞扬。

鲁迅故里是全国重点文物保护单位，可免费参观。景区包括鲁迅祖居、鲁迅故居、三味书屋、鲁迅纪念馆。鲁迅纪念馆的参观体验最好，布展非常详细全面。

鲁迅的爷爷是进士出身，做过江西一个地方的县长。鲁迅的父亲是秀才出身，没有官职。鲁迅出生在绍兴城里这样一个大户人家，在他13岁时，爷爷被捕入狱，父亲重病去世，家里的房子和地都变卖了。家道中落，对鲁迅的成长和思想变化影响巨大。没有钱，他只能去南京读免费的新式学校，由江南水师学堂到矿务铁路学堂，毕业后在矿上工作了一年，后被清政府安排公费留学日本。在日本学习西医期间，学校组织观看日俄战争相关纪录片的时候，看到一个中国人被杀头，围观的其他中国人满脸的冷漠和麻木，这一幕刺激到了他。他觉得，医学只能救人的身体，文艺才能拯救人的思想，中国人需要拯救的，是思想。

就这样，鲁迅走上了一条用文学救国的道路。回国后，他先是在老家绍兴学校里任教，之后，到浙江两级师范学堂任教。1912年，去了中华民国教育部任职。当时的部长是蔡元培。蔡元培、鲁迅、徐锡麟、陶成章、秋瑾，都是近代的革命者，也都是绍兴人，彼此多有交往。鲁迅在教育部担任处级官员多年，后又去了北大等高校任教。之后，去过厦门大学任教

鲁迅故里（李游指数 84.170）

半年，在中山大学任教半年，最后，定居上海，专职从事写作，1936年因病去世。

鲁迅的著名作品《狂人日记》，是他1918年在北京的时候写的，当时他37岁。鲁迅的很多名言放在今天，依然有价值。比如：真的猛士，敢于直面惨淡的人生。只是，我们现在所说的"惨淡的人生"，肯定与鲁迅当年所要表达的，已经不是同一种"人生"了。

蕺（jī）山是老城区一座几十米高的石头山。蕺山书院在公园南边的缓坡上，自南宋创建，一直延续到清末，在当地历史上有重要影响，尤其是400年前明末本地人刘宗周，为提高蕺山书院的知名度做出了大贡献。王阳明对整个中国都有重要影响，在他老家绍兴地区更是如此，比他晚出生一百年的绍兴人刘宗周，把王阳明的心学与程朱理学进行了融合，自成一派，有黄宗羲、陈确、张

蕺山公园（李游 81.044）

履祥、陈洪绶、祁彪佳等门生，因为他常在蕺山讲学，就被尊称为"蕺山先生"，而他的这个学派则被后世称为"蕺山学派"。

公园山顶上，有一个文笔塔。文峰塔这个名字倒是不陌生，但叫文笔塔的，还是第一次听说。从塔内的楼梯走到塔顶，四下望去，视线极好，可以鸟瞰整个城市的风光。这里比府山公园的飞翼楼上看到的景色更好。

书圣故里历史文化街区，是指王羲之故宅及其周边地区。王羲之，是中国古代的著名书法家。他出生在山东临沂，老年定居绍兴下辖的嵊州市，死后葬于嵊州。王羲之的墓，距离让他名垂千古的兰亭70公里。王羲之曾担任绍兴地区的行政长官，所以，在绍兴城区工作生活过一段时间。他当时的家，就是今天戒珠讲寺这个地方。

寺院大门上的匾额，是原中国佛教协会会长赵朴初题写的。这个寺院比较独特，中间立了一个人，是王羲之的塑像，两侧是仆人塑像，一仆人怀中还抱着白鹅。据传，这是一个与王羲之有关的故事。故事的主题，就是上面牌匾的四个字"舍宅为寺"。据说，当年有一位僧人来找王羲之聊天，僧人离开后，王羲之发现自己心爱的珍珠不见了，以为是被僧人拿走了。僧人得知被王羲之猜忌后，郁闷而死。后来，王羲之的仆人从杀死的白鹅

书圣故里（李游指数 80.795）

肚中发现了珍珠，王羲之知道自己错怪了僧人，羞愧难当，便把私宅捐出作为寺院。此事不知真假，就当是个故事吧。

寺院的大殿，叫灵山宝殿，不知何故。大殿后面还有一个院子，是新建的寺院，叫北天竺。寺院内部装饰华丽，尤其是二楼的圆通宝殿，下方上圆，四周是五百罗汉塑像，中间是大型雕塑四面观音和四面佛像，顶部是佛祖，四大天王把持四角。四周空中飘着敦煌莫高窟常见的飞天圣女像，透明的穹顶内置九龙，各有彩绘和镀金。

寺院门口的水池叫墨池，也因王羲之曾住在这里。寺院大门正对着的小路叫蕺山街，路旁有个古桥，叫题扇桥，是全国重点文物保护单位，始建年代不知，现桥建于1828年的清朝。这个桥也与王羲之有关。据《晋书》记载，当年有个老太太在桥头卖六角的竹扇子，王羲之看到了，就在每把扇子上写了五个字，对老太太说，你就告诉别人，这字是王羲之写的，要给多少多少钱才卖。后世便把此桥叫作题扇桥。

旁边有个王羲之陈列馆，里面没有太多实际内容。唐、宋、清等朝代的多个皇帝都对王羲之的书法赞不绝口，令人印象深刻。陈列馆周边都是老房子和石板路的小巷子，感觉蛮不错的。

宁波市

宁波市位于浙江省东部偏北的沿海地区，南边是台州，东边与舟山隔海相望，西边是绍兴，北边与上海之间隔着杭州湾，有跨海大桥相连。面积近一万平方公里，除了滨海平原地带，大多是山区。宁波市包括两县六区，即宁海县、象山县、奉化区、北仑区、镇海区、江北区、海曙区和市政府所在的鄞州区，代管两个县级市，即慈溪市、余姚市。人口约950万人，经济发展水平较高。

宁波市共有90个文旅景点，我用了27天来游览。井头山遗址、田螺山遗址和河姆渡遗址，为我们了解距今七八千年前先民的生存情况提供了信息，非常珍贵。北宋王安石担任宁波行政长官时，遵照朝廷要求创设州学，对后世影响极大。为避讳明朝的国号，朱元璋决定改明州为宁波。明朝退休官员范钦酷爱藏书，在自己院子里建的私家藏书楼，如今成了宁波重要的文化符号。"书藏古今，港通天下"，是宁波现在的城市广告。明末清初的宁波举人张苍水，因抗清战争而成为历史名人，明清两朝都给予他高度评价。与他同时代，也做过抗清斗士的黄宗羲，最终是作为学者而被后世熟知。他和弟子万斯同、全祖望，师徒三人都是浙江历史上的重要人物。宁波还有一个文化名人，就是王阳明。只是有点尴尬的是，古代余姚一直是属于绍兴的，所以，王阳明的墓在绍兴郊区兰亭附近。至于近现代，宁波远郊奉化区有蒋介石，不用多说。当代著名作家余秋雨，网易公司的创始人丁磊，也都是宁波人。而对于我来说，有一个很多宁波人可能都不知道的"冷门"人物，一个自称"天下第一疯"的谢建光。我喜欢他，尊敬他，甚至是崇拜他，不仅仅是因为媒体标榜的他"手握150元走遍中国，流浪36年后客死他乡"的故事，更是因为他的著作《疯行天下》。谢建光没有上过初中，没有受过正统的学院教育，但是，他的思想深度，人生境界，绝对比很多所谓"大师"和作家高很多。正如他在书中所说，他是天地之子。真正厉害的人，不是居高临下的包容，而是像谢建光一样，心中不屑于世俗，但又敬畏一切，对很多人很多事心怀尊敬和理解。

我对宁波 90 个景点的排名如下：

1
王守仁故居
李游指数
89.892

余姚市

2
保国寺
李游指数
88.208

宁波市区

3
宁波城区
李游指数
88.166

宁波市区

4
蒋氏故居
李游指数
87.827

奉化区

5
南宋石刻公园
李游指数
86.909

宁波市区

6
千丈岩景区
李游指数
86.773

奉化区

7
河姆渡遗址
李游指数
86.220

余姚市

8
慈溪城区
李游指数
84.494

慈溪市

9
招宝山景区
李游指数
84.477

镇海区

10
天一阁景区
李游指数
84.377

宁波市区

11
天童寺
李游指数
83.710

宁波市区

12
阿育王寺
李游指数
83.680

宁波市区

13
宁波老外滩
李游指数
83.144

宁波市区

14
宁波博物馆
李游指数
82.677

宁波市区

15
雪窦寺
李游指数
82.436

奉化区

16
鼓楼
李游指数
82.405

宁波市区

17
花岙石林景区
李游指数
82.241

象山县

18
宁海古戏台
李游指数
81.844

宁海县

19
石浦古城
李游指数
81.749

象山县

20
月湖公园
李游指数
81.720

宁波市区

21
许家山村
李游指数
81.576

宁海县

22
塔山遗址
李游指数
80.588

象山县

23
田螺山遗址
李游指数
80.474

余姚市

24
伍山石窟景区
李游指数
80.410

宁海县

25
宁波帮博物馆
李游指数
79.886

镇海区

26
城隍庙
李游指数
79.574

宁波市区

27
中国港口博物馆
李游指数
79.370

北仑区

28
张苍水故居
李游指数
79.335

宁波市区

29
庆安会馆
李游指数
79.022

宁波市区

30
宁波天宁寺
李游指数
79.004

宁波市区

31
镇海城区
李游指数
78.877

镇海区

32
江北天主教堂
李游指数
78.676

宁波市区

33
奉化城区
李游指数
78.643

奉化区

34
奉化博物馆
李游指数
78.589

奉化区

35
余姚博物馆
李游指数
78.344

余姚市

36
横省石牌坊
李游指数
78.099

宁波市区

37
黄宗羲墓
李游指数
77.475

余姚市

38
南塘老街
李游指数
77.204

宁波市区

39
林宅
李游指数
77.011

宁波市区

40
上林湖越窑遗址

李游指数
76.993

慈溪市

41
梁祝文化园

李游指数
76.993

宁波市区

42
龙山虞氏旧宅建筑群

李游指数
76.779

慈溪市

43
丹山赤水景区

李游指数
76.674

余姚市

44
东钱湖景区

李游指数
76.558

宁波市区

45
象山博物馆

李游指数
76.546

象山县

46
慈溪博物馆

李游指数
76.333

慈溪市

47
前童古镇

李游指数
74.920

宁海县

48
钱业会馆

李游指数
74.818

宁波市区

49
南渡广济桥

李游指数
74.814

奉化区

50
余姚通济桥

李游指数
74.541

余姚市

51
庙沟后石牌坊

李游指数
74.221

宁波市区

52
象山县城

李游指数
73.865

象山县

53
天封塔

李游指数
73.445

宁波市区

54
永丰库遗址

李游指数
72.870

宁波市区

55
梁皇山景区
李游指数
72.814

宁海县

56
宁波科学探索中心
李游指数
72.610

宁波市区

57
宁波教育博物馆
李游指数
71.922

宁波市区

58
阿育王古寺
李游指数
71.620

北仑区

59
五磊山景区
李游指数
71.445

慈溪市

60
走马塘村
李游指数
70.446

宁波市区

61
鸣鹤古镇
李游指数
70.226

慈溪市

62
全祖望墓
李游指数
70.201

宁波市区

63
它山堰
李游指数
70.133

宁波市区

64
东海云顶景区
李游指数
70.115

宁海县

65
白云庄
李游指数
70.103

宁波市区

66
锦堂学校旧址
李游指数
69.551

慈溪市

67
南田岛
李游指数
68.930

象山县

68
宁海县城
李游指数
68.736

宁海县

69
万斯同墓
李游指数
68.214

奉化区

70
余姚城区
李游指数
67.225

余姚市

71
北仑城区
李游指数
64.533

北仑区

72
浙东抗日根据地旧址
李游指数
63.767

余姚市

73
潘天寿故居
李游指数
63.654

宁海县

74
慈城古县城
李游指数
62.944

宁波市区

75
花岙兵营遗址
李游指数
62.910

象山县

76
柔石故居
李游指数
62.476

宁海县

77
九龙湖景区
李游指数
61.710

镇海区

78
浙东小九寨景区
李游指数
61.122

余姚市

79
五龙潭景区
李游指数
60.883

宁波市区

80
滕头村
李游指数
60.810

奉化区

81
宁波服装博物馆
李游指数
60.641

宁波市区

82
浙东第一尖景区
李游指数
60.234

宁海县

83
达蓬山景区
李游指数
57.883

慈溪市

84
寿宁寺
李游指数
57.742

宁海县

85
鲻山遗址
李游指数
56.766
余姚市

86
郑氏十七房景区
李游指数
56.494
镇海区

87
中国渔村景区
李游指数
54.733
象山县

88
天下玉苑景区
李游指数
48.480
余姚市

89
象山影视城
李游指数
47.206
象山县

90
四明山森林公园景区
李游指数
30.333
余姚市

河姆渡遗址知名度很高，好像上中学的时候就学过相关知识。这里也是全国重点文物保护单位。河姆渡是距今七千年到五千年前先民生活的地方。遗址里有干栏式房子，有稻米，有榫卯结构的木建筑，有玉器、陶器、石器、骨器、木船桨、木井等。

河姆渡遗址（李游指数 86.220）

总之，如果你认真思考这些东西所代表的人类生产力水平，就会发现，距今7000年的先人们，好像和距今2000多年的人们，生活也没有相差太多。我们总是惊讶于几千年前先人们的生存智慧，是因为我们总以为现在的人比过去的人聪明。实际上，大家的智力水平，可能没有多少差别，只是运用智慧的方式和聚焦点不同而已。

田螺山遗址（李游指数 80.474）

田螺山遗址是全国重点文物保护单位。这个遗址的历史与河姆渡遗址基本是同一时期的。发掘现场得以保留，并建了一个大拱形圆建筑，让游客参观。在这个遗址，发现了鲸鱼的骨头和大型金枪鱼的骨头，说明这里曾经距离海岸很近。参观的时候碰到浙江考古所的一个研究人员，他说，距离此地西边2公里左右，还有一个井头山遗址，他们正在进行考古发掘，现场发现了厚达2米的贝壳等大海沉积物。现在这里平原地带的海拔才2米高，而发掘地距离地面最深达4米。看来，海平面在过去几千年有过多次变化，幅度至少在几米。而随着海平面高低变化，沿海附近的陆地也会发生变化。这真是一个沧海桑田的故事啊。

以前，我总觉得陕西甘肃一带发现的文物比较多，是因为那边土地干燥，文物容易保存。南方多水，文物相对容易腐烂。现在，我发现自己的认知是错误的。在绍兴看印山战国王陵的时候，看到古人用木炭和青膏泥来做防水防腐处理。木炭是为了吸水，保持墓室干燥；木炭层外面再用青膏泥，介绍资料说是为了防水。而青膏泥本身也有防腐的作用。考古发掘时，曾在青膏泥里发现了一根木棒，两千多年了，却没有朽坏，完好如新。今天，在田螺山遗址的介绍资料里，我看到发掘现场的照片，距今六七千年的树叶和草叶子都保留完好，像是前几天才埋在泥里似的。再看田螺山遗址和河姆渡遗址发现的那么多木制品，它们刚出土的时候，断口还是黄白色的，而不是黑色的。这简直太神奇了，这可是距今六七千年的木头啊。我想应该是青膏泥之类淤泥，包裹着这些几千年前的器具，使它们得以完好。

王守仁故居（李游指数 89.892）

王守仁字号"阳明子"，后世多称他为王阳明。他提出的"知行合一"思想，在当今中国仍有极高的知名度。这样一位哲学家的学说在这里不做赘述，不过他故居里的相关知识展示，不够吸引人，还有很大的提升空间。

千丈岩景区（李游指数 86.773）

  刚进入千丈岩景区，我就站到了悬崖边上，看到了千丈岩瀑布。这是一个高近百米的瀑布，对面是山谷，这里是一个风口，风很大。对面山坡上有一个村庄，查阅地图才知道叫木家湾村，看村里都是老房子。

  沿着悬崖边的台阶向上走十几分钟，就到了妙高台。看这名字，以为是个道观之类的建筑，进去参观后才知道，这里原来是蒋介石于1927年修建的别墅，二层小楼，民国风格，院落精致。这真是一个好地方，三面都是悬崖，视野非常好，对面山谷中是一个水库，风景宜人。只是，不知何故，妙高台的院子中间有一个石塔，感觉很突兀，看着有点煞风景。

  从旁边乘坐缆车，下到山谷，走几步就到了千丈岩瀑布下面。这个瀑布很高，甚是壮观，只可惜水流太小了，要是水流再大一点，一定更震撼。

再下行几分钟，可以乘坐小火车在山谷中游玩。下车后，沿着山谷的小溪向三隐潭方向走大概半个多小时，就到了下隐潭，然后是中隐潭、上隐潭。三个隐潭，其实是三个瀑布，都有几十米高，也挺漂亮的，只是水流也都不大。

景区游览时间大概要3个小时，体力消耗较大。出景区后，还可以选择坐景区的摆渡车去另外一个叫徐凫（fú）岩的景点，我担心后面行程时间不够，就没有去。我直接坐摆渡车返回千丈岩入口，去参观雪窦寺了。我是在美团App上买的溪口三个景区（千丈岩＋雪窦寺＋蒋氏故居）的套票，240元，包括了景区摆渡车、缆车和小火车的票。

雪窦山，被称为"四明第一山"，是佛教五大名山之一。佛教其他四大名山分别是五台山、九华山、峨眉山、普陀山。雪窦山，名气相对低一点，我之前也没有听说过。雪窦寺的全名是：雪窦资圣禅寺，是宋朝一个皇帝命名的。寺庙分两部分，东侧是新建的，宏伟气派，特别是后面依山而建的大型露天铜制弥勒佛，金光

雪窦寺（李游指数 82.436）

闪耀，白天从远处即可望见，很是壮观。西侧是老寺院，正在修缮，看着也很不错。院子里还有两棵千年的银杏树，更是增加了几分沧桑。寺庙西边，是张学良发动西安事变后刚开始被软禁的地方。藏经楼东边有两棵楠木树，是1937年张学良在这里栽植的。

蒋氏故居（李游指数 87.827）

蒋氏故居是全国重点文物保护单位。蒋介石，著名历史人物。奉化溪口，是蒋介石的老家。130多年前，他出生在这里，并在这里度过童年。溪口是一个山清水秀的江南小镇。蒋介石的父母兄弟、他的第一任妻子，一直生活在这里。蒋介石的父亲是开店卖盐的小商人，家里还有几十亩地，虽然算不上大户人家，但也不是贫困家庭。溪口还保留了有据说是蒋介石出生地的玉泰盐铺，蒋的祖宅蒋氏故居，蒋介石和宋美龄的别墅，还有蒋经国刚回国时住的小洋房。这些地方和千丈岩景区里的妙高台别墅一样，都展示有蒋介石的生活照。

石浦古城（李游指数 81.749）

我来石浦古城的时候是9月16日，象山开渔节前一天。石浦镇的港湾里，停靠了许多渔船，都打着彩旗，很是壮观。开渔节当天它们一起出发的场面,估计会更好看。我看到几部浙江电视台的大卡车,估计到时候是要做现场直播的。

石浦古城不收门票,免费逛。这里是一条有台阶的古街,还有城门和关帝庙,古色古香的。人就是这么奇怪,那几十元的门票对大家来说,也不算是很大的一笔钱,现在物价越来越贵,几十元也就够两个人吃顿快餐或者买点水果啥的。可是,就是因为很多景区收这几十元的门票,有时候就会让人觉得没啥意思,而对于这些不收门票的景区,感觉就会好一些。

也许,这就是收费带来的期待吧。免费的景区,游客对景区的要求相对就低。收费的景区,游客会觉得既然已经收费了,就应该提供比免费景区更好的硬件设施和服务,更好的风景和乐趣。如果没有达到这个预期,就会在心理上产生落差。

石浦镇热闹又舒服,是浙江渔港文化最浓厚的地方,我来了两次,感觉都很好,很喜欢这个渔镇。这儿有一个叫"老太婆海鲜面"的小店,味道很好,每天只营业到下午两点。让我想起了老家陕西的羊肉泡馍,很多味道好的店,也是只营业到下午三点。

招宝山是一座小山,在甬江入海口北侧,紧靠镇海老县城。鳌柱塔每层都有露台,只有三层可以游览。在露台上凭栏远眺,视线极好。南边是招宝山,东边是码头、大海、甬江入海口,北边是工业区,依稀可见通往舟山的跨海大桥,西边是镇海老县城,能看到宁波市区和镇海新城。真是一个登高望远的好地方。

此处是海防重地,山上还有

招宝山景区(李游指数 84.477)

明朝时期开始修建的海防工程，包括威远城、月城、炮台等，统称"镇海口海防遗址"，是全国重点文物保护单位。招宝山上有两座寺庙。一条公路以隧道的形式从招宝山中间穿过，并在甬江上形成招宝山大桥。出口处旁边的海防历史纪念馆，简要地展示了镇海的历史。一个拥有城市风光、港口、隧道、大桥、旧时炮台、寺院的景区，不太多见。这里自然景观与人文历史互为依托，浑然一体，感觉很好。

　　宁波市区包括6个区：镇海区、北仑区、奉化区、江北区、海曙区、鄞（yín）州区。西北方向过来的余姚江与西南方向过来的奉化江，在宁波市中心三江口处汇合后叫甬江，向东流入大海，类似一个向左倒过来的"丫"字形。我一直觉得，城市就是最大的人造景区。一栋楼，从设计到建造，是很多人花费很多精力和资金才可以完成的。而一座城市，有很多栋大楼，有很多条马路，还有公园、车站、地铁、机场、学校，要把这些规划好，让城市又美观又便利，可不就像一个人造景区吗？宁波城区有三处繁华地带，一是天一广场附近的三江口地区，这里也是宁波的老城中心。二是市政府所在的东部新城，高楼林立，现代感十足。三是鄞州区政府附近的南部商务区。沿着三江口周边的三座大桥走一圈，赏心悦目。

宁波市区

天童寺是全国重点文物保护单位。始建于1700年前，唐朝皇帝确定了天童寺的名字。南宋、明、清时期，都香火旺盛，备受推崇。寺院里有一棵1250年树龄的老柏树，据说是唐代种下的，如今已经年老体衰，挂着"吊瓶"还矗立着。佛殿重建于1635年，是寺院里现存最老的建筑。寺院游客较多，值得一游。

天童寺（李游指数 83.710）

阿育王寺（李游指数 83.680）

阿育王寺是全国重点文物保护单位，我之前已听闻多次，今日终得相见。只是来了之后才知道，这里有两个阿育王寺。我来的这个修建于距今1300年的唐朝时期，在它东边2公里处，还有一处阿育王古寺。阿育王寺出名是因为有佛祖释迦牟尼的舍利，因其特殊地位，一直香火兴旺。在大雄宝殿后面有一个舍利殿，门关着，只能通过栅栏窗户的玻璃，看到里面有一个说是盛放着舍利的舍利塔。

这个寺院的建筑大都是改革开放后重新建的，虽然寺院的游客也不少，但所到之处，总感觉到一种萧条和破败。

保国寺（李游指数 88.208）

　　保国寺已不是寺庙，现在叫保国寺古建筑博物馆，是全国重点文物保护单位。这里的建筑物不多，但都很有年头。天王殿门口的两个经幢，据说是唐朝时期流传下来的。天王殿里面的净土池，开凿于南宋时期，"一碧涵空"题于明朝，清朝时期立的石栏，水池于民国时期疏浚的……这一眼望去，由近及远，纵贯千年，何其壮美。

　　天王殿后面的大雄宝殿，于北宋时期重建，是保国寺最重要的古建筑，也是我国长江以南地区现存最古老最完整的木结构建筑，距今已有千年历史。大殿除了宋朝建筑华美宏丽的造型，还有诸多中国现存古建筑技艺的唯一实例：前槽藻井、藻井大木、阑额卷杀、倾斜大柱、蝉肚绰幕、前后内柱不等高、虾须栱、瓜棱柱。虽然我对这些古代建筑的专业知识并不懂，但依然看得很兴奋。

　　在展馆中看到梁思成的一段话：一个民族的自大和自卑，都源自于对本民族历史文化的无知。只有了解自己的过去，才能够站在客观的立场上，产生深沉的民族自尊。

　　说得非常好！对于当下，依然适用。

天一阁是全国重点文物保护单位。门票30元，仔细游览大概需要两三个小时。

1566年，明朝官员范钦在宁波老家旁边，建了一个专门用于藏书的楼房，即今日之天一阁。他酷爱藏书，到去世前，已经收藏了七万多卷。可惜的是，因战乱和盗窃，到中华人民共和国成立后捐赠给人民政府的时候，仅剩一万多卷。即便如此，天一阁依然是中国民间规模最大的藏书楼。范氏族人为此所做的贡献，功不可没。

天一阁景区（李游指数84.377）

为保护好藏书，家族制定了很多规矩，包括分家产的时候，不可分割藏书楼；所有藏书，不可离开天一阁；还不许女人入内。据说清朝时期宁波有一个名叫钱绣芸的女子，酷爱读书，因特别想看天一阁的藏书，不惜嫁入范家。但因为这条"女子不能入内"的家规，始终未能进入天一阁，最终郁郁而亡。可见范家对天一阁藏书的保管，已经严苛到不近人情。

书，是手段，不是目的。书，只是知识传播的载体，而不是知识本身。庆幸的是，范家的天一阁，对几位学者敞开了大门，他们是黄宗羲、万斯同、全祖望，都是当时著名的史学家。

如今，宁波市格外重视天一阁，城市广告语"书藏古今，港通天下"。城市最知名的广场，也叫天一广场。

天一阁其实只是一栋六开间的二层小楼，但整个景区很大，是后来扩建的园林，还把周边的两个祠堂收编进来了。一个是陈氏宗祠，做成了麻将文化展示馆，另一个是秦氏支祠。

张苍水故居（李游指数 79.335）

  这是张苍水曾经生活的地方，还留有明朝时期的老建筑。室内布置得很简洁，尤其是正房中间环墙一周的展示图，简洁明了，通俗易懂。

  之前在杭州西湖南岸见过张苍水的墓，那是第一次知道这个人。后来在象山县花岙岛的兵营遗址，再次见到他的相关介绍。这次，是第三次了。张苍水是抗清斗士，而在他死后一百多年，清朝政府却给了"忠烈"的谥号，将他入祀忠义祠。1645年，在宁波市区的城隍庙里，钱肃乐领导群众抗清，张苍水当时只是一个追随者。钱肃乐也是宁波人，比张苍水大14岁，进士出身，已经是明朝官员，而张当时是举人。但是在抗清的明末官员里，除了郑成功，好像张苍水最出名了，钱肃乐的知名度稍逊一筹，可能与张苍水的抗清斗争坚持的时间更长有关（19年）。

  张苍水故居所在的中山公园位于宁波的市中心，有很多老人在这里休闲娱乐，气氛祥和。公园内有一个亭子，里面竖了一块石碑，上面刻着孙中山先生的遗言，现在读来，依然让人振奋。公园的逸仙楼里，有一个临时展，讲的是1940年日本在开明街附近投下鼠疫病菌造成多人死亡事件。在天一广场西北角的路边，有一个雕塑，就是纪念当时的死难者的。侵华日军对中国人民所犯下的罪行，真是罄竹难书。

南宋石刻公园（李游指数86.909）

公园门票55元。

南宋时期，宁波出了4个宰相，史浩、史弥远、郑清之、史嵩之。其中，三位史氏宰相，是一家祖孙三代。这也是除了北宋吕蒙正祖孙三代同为宰相之外，另外一个祖孙三代同为宰相的历史故事。史浩家族的墓多在东钱湖周边，墓道两侧有石刻造像，展示出南宋时期高水平的石刻。

衢州市

衢州市位于浙江省最西边，与江西省相邻，北邻黄山和千岛湖，南边是福建省的南平市和本省的丽水市，东边是金华市。面积8800多平方公里，山区和平原大概六四开。包括三县一市两区：龙游县、常山县、开化县，江山市、衢江区和市政府所在的柯城区。绍兴有个柯桥区，衢州有个柯城区，名字好像啊。全市总人口约220万人。

衢州总共有46个景点，我用了17天来游览。衢州的景点总体来说一般，没有特别让我向往的。开化县的根宫佛国景区，名字拗口，还不如叫"中国树雕博览园"之类的名字，让人一看就知道是什么样的景区。这个景区很大，里面有各种树雕文化作品，非常震撼，值得欣赏。虽然是人工打造的景区，但其创始者的故事和根雕作品的美感都很动人。虽然江郎山没有黄山和张家界那么好，但也算是浙江好看的山峰之一了。

我对衢州46个景点的排名如下：

1
根宫佛国景区
李游指数
89.707

开化县

2
江郎山景区
李游指数
88.205

江山市

3
三卿口制瓷作坊
李游指数
83.907

江山市

4
浮盖山景区
李游指数
82.786

江山市

5
廿八都古镇
李游指数
81.944

江山市

6
南坞杨氏宗祠

李游指数
81.840

江山市

7
龙游博物馆

李游指数
81.540

龙游县

8
江山城区

李游指数
81.412

江山市

9
孔氏南宗家庙

李游指数
81.343

衢州市区

10
衢州城区

李游指数
81.280

衢州市区

11
周宣灵王庙

李游指数
80.873

衢州市区

12
高田坑村

李游指数
80.761

开化县

13
龙游县城

李游指数
80.630

龙游县

14
鸡鸣山民居苑

李游指数
80.519

龙游县

15
三门源叶氏民居

李游指数
80.430

龙游县

16
王氏宗祠与世美坊

李游指数
80.166

常山县

17
清漾毛氏祖祠

李游指数
80.030

江山市

18
台回山

李游指数
79.676

开化县

19
北二蓝氏宗祠

李游指数
79.661

衢州市区

20
常山县城

李游指数
78.840

常山县

21
衢州城墙
李游指数
77.410

衢州市区

22
三槐堂
李游指数
76.350

龙游县

23
药王山景区
李游指数
76.102

衢州市区

24
天脊龙门景区
李游指数
75.001

衢州市区

25
衢州博物馆
李游指数
74.399

衢州市区

26
戴笠故居
李游指数
73.640

江山市

27
江山博物馆
李游指数
73.620

江山市

28
吴氏宗祠
李游指数
73.498

衢州市区

29
钱江源景区
李游指数
73.448

开化县

30
仙岩洞摩崖题记
李游指数
72.601

衢州市区

31
西关世家
李游指数
72.103

龙游县

32
开化县城
李游指数
71.710

开化县

33
衢江城区
李游指数
70.869

衢州市区

34
龙游石窟
李游指数
70.853

龙游县

35
湖镇舍利塔
李游指数
69.860

龙游县

36
横山塔

李游指数
67.581

龙游县

37
桃源七里景区

李游指数
66.880

衢州市区

38
桃花源景区

李游指数
65.751

常山县

39
仙霞关

李游指数
64.488

江山市

40
烂柯山景区

李游指数
64.202

衢州市区

41
三衢石林景区

李游指数
62.740

常山县

42
金钉子景区

李游指数
61.763

常山县

43
九龙湖景区

李游指数
60.404

衢州市区

44
霞山古村

李游指数
56.588

开化县

45
三十六天井

李游指数
53.420

常山县

46
绍衣堂

李游指数
52.653

龙游县

鸡鸣山民居苑是全国重点文物保护单位。这是一个迁建的古建筑群，我本不认可这种做法，但是看到这个景点的成因背景后改变了看法。1985年，时任县长钱铭听说有外地人买了龙游一栋古宅，正要运走，便亲自拦下，安置到这里。后来，历任领导为保护本地的古建筑，都将其迁建于此，于是就形成了这个景区。在20世纪80年代的中国，能有保护古建筑的意识，非常难能可贵。我一直认为，房子是用来住的，只有人住在里面，房子才有灵气，也才经久耐用，是一种更好的保护。所以，用完全空置的方式来保护古宅，我反而担心其寿命长不了。

鸡鸣山民居苑（李游指数80.519）

江郎山景区是一个丹霞地貌景区，三座山峰呈"川"字形矗立在群山之上，左侧最大，右侧次之，中间的最小，从不同方向看，会呈现出不同的景观。乘坐景区交通车，十分钟就到了山腰处，也就是三座山峰的山脚下。然后，开始爬山，可以绕着中间的小山走一个环线。中间这个山峰呈片状，很是奇特。最震撼的就是"一线天"景点，中间的山峰与右边的山峰形成了一个高

江郎山景区（李游指数88.205）

300米、长300米、宽不到5米的缝隙,人从底下通过,抬头仰望,感觉自己很渺小。中间这座小山的崖壁,与地面垂直90度,这可是自然形成的高达300米的山墙,真是壮观。

我在想,如果谁能从这个崖壁的下面攀岩上去的话,那就太厉害了。美国人杰布·克里斯2013年9月28日采用翼装飞行的方式,穿越了一线天,真是勇敢。对于攀岩、登山、翼装飞行等极限运动,国内还处于起步阶段。相信随着中国人对这类运动认识的提高,会有越来越多的人参与并做得更好。对自然界的探索,对人类自身的探索,我们要永不止步。不能短视地判断一个事情是不是有用或者有无价值,凡是人类没有做过的事情,未曾探索的领域,有人去尝试了,我们都应保持包容和鼓励的态度,否则,我们就有可能困囿于经验,错过机遇。

清漾毛氏祖祠(李游指数80.030)

距今3000年前,岐山人姬发灭商建周,史称西周,这就是周武王。他分封其弟姬郑于500公里之外,今河南省原阳县为毛国,后世称姬郑为毛叔郑,即中国毛姓的始祖。1700年前,原阳县毛氏后人毛宝(东晋将领),

被尊为江南毛氏一世祖,因其孙子毛璩(qú)封于浙江衢州,此为江南毛氏的家族起点。毛宝的八世孙毛元琼约1500年前从衢州迁居江山清漾村。清漾毛氏后人毛让迁徙到江西省吉水县,其后人毛太华600多年前从江西吉水迁徙到湖南省。毛太华,就是湖南韶山毛氏的祖先,即为中华人民共和国主要缔造者毛泽东的祖先。

　　这就是清漾毛氏祖祠的历史。这让我再次感叹,中国的宗祠族谱文化太厉害了,能让你和三千年前的祖先对应上。普通的老百姓,同姓人见面常说一句客套话"咱们都姓李,说不定五百年前是还是一家人呢",看来是有道理和依据的。还看到一个有意思的信息,据《韶山毛氏族谱》记载,在1737年和1881年,该族谱两次修谱的时候都表达了同一个意思,大意是,咱们这个地方景美境奇,龙盘虎踞,必出伟人。而1893年,毛泽东就出生于韶山。

三卿口制瓷作坊(李游指数 83.907)

　　三卿口制瓷作坊是全国重点文物保护单位。位于峡口镇东南4公里处,是百度地图上标注为"碗厂"的村子。这是一个从1746年开始经营的制瓷作坊,一直运营到前几年。生产作坊和居住区,都沿小溪分布于山谷,已然成了一个村子。现场可以看到很多负责瓷器制作的各个工序的作坊,有一种利用小溪水流来粉碎瓷土的装置,叫水碓(duì)。

我第一次看到正在使用的龙窑,长 30 多米,烟囱在顶部,大概三四米高。龙窑分为 27 间,每间都有一个门,用于装窑,还有一个投柴孔,用于烧火时加柴。这里的建筑外形统一,很有历史感,周边山清水秀,景色也好,黄色的土墙,棕红色的瓦,与周边翠绿的竹林搭配出极好的风景。还有几户人家生活在这里,是一个恍如隔世的地方,值得一看。

浮盖山景区(李游指数 82.786)

门票 45 元。登山半个多小时,就可看到最美的景色。我称之为"小黄山",因为这里有和黄山一样裸露的山峰,漂亮极了。登到山顶,可以鸟瞰群山,山谷中的农田和村庄镶嵌其中,视野开阔,景观极好。

根宫佛国景区（李游指数 89.707）

　　根宫佛国景区，国家"5A"级景区，据说是世界上唯一的根文化主题旅游景区，面积很大，仔细游览需要大半天时间，如果匆匆浏览一下，也得两三个小时。门票 120 元，玻璃桥 60 元，碰碰车 40 元，景交车 15 元。景区的主要看点，是一些用珍稀的树根雕刻成的艺术品。

　　进入景区，两个仿古建筑内展示的都是佛教主题的根雕作品。后面山坡上是一个观景视野特别好的玻璃桥。旁边有一座高塔，可惜不能登高望远。翻过山坡，是一片规模更大的仿古建筑群，部分还在修建中。其中几栋展示了中国传统文化主题的根雕作品，比如：开天辟地、老子像、孔子像等。很多作品确实震撼，用材考究，工艺精湛，主题鲜明，规模宏大。只是，这个景区的名字实在是拗口难记，不知所云，我本来还以为是个寺庙呢。叫"中国树雕文化园"之类的名字，是不是会更好一些呢？

　　有一位名叫徐谷青的本地人，从农民奋斗成了根雕大师，在他的带动下，逐步形成了今天这样一个 5A 级景区，对开化县影响巨大。一个普通人通过努力，竟能推动一个县的经济和文化发展，颇为传奇。

衢州市区

衢州市区包括衢江区和柯城区。四周都是大山，只有城区周边和衢江沿线一片平原。衢江区撤县改区之前，叫衢县。衢江城区很小，区政府周边看起来比较繁华。

衢江区在东，柯城城在西。衢州机场，军民两用，以军用为主，位于衢江区和柯城区中间。钟楼是衢江老城区的中心，现在正在被打造成北门街历史文化街区。衢州人民医院在钟楼旁边。天王塔是老城曾经的地标建筑，之前的天王塔已经损坏，现在的的塔是新建的。天王塔到水亭门这一片，也在打造历史文化街区。这两个地方相距不远，都在一条东西方向的道路上。老城大都是七八层的建筑，高楼很少。

衢州市区在向西发展，跨过衢江，建了新城。新城一带很漂亮，都是近十年的新建筑。市政府也在这里。市政府旁边，正在建一个文化艺术中心，看外形很漂亮。这一带有不少政府单位的大楼，也有写字楼、酒店、商场和住宅不少。最西边，还在建一个大型的体育中心。

衢州老城区人气最旺的商业中心应该是国金中心，它的旁边有一个天宁寺，倒是闹中取静。而新城区人气最旺的商业中心，应该是吾悦广场。

总体来说，衢州城区不大，有老城，有新城，有江，远处有山，是一个宜居的小城。

孔氏南宗家庙（李游指数 81.343）

　　孔氏南宗家庙是全国重点文物保护单位。也许是因为有期望值，也许是因为把它与曲阜的孔庙进行了对比，对这个孔庙的印象分并不高。公元前195年，汉朝开国皇帝刘邦生前的最后一年，曾到山东曲阜祭祀孔子，封孔子第8世孙孔腾为奉祀君，世袭罔替。自此，曲阜孔氏成为中国世袭爵位时间最长的贵族。此前各朝皇帝对孔子后人的封号多有变化，直到1055年的北宋皇帝，将此封号确定为衍（yǎn）圣公，此后的朝代就一直沿用这个名称。1127年，北宋亡。曲阜的衍圣公及部分孔氏后人，随朝廷一起南迁，最终定居衢州。此后，衢州的孔氏后人本应一直为衍圣公的世袭者，只因1282年元朝时，衢州孔氏后人孔洙（zhū）不愿返回曲阜，让爵位给曲阜的族弟孔治。自此，孔氏"正统"又回归曲阜。

　　这个景区不大，门票仅售10元。左侧是生活区，三进小院，中间是过渡区，右侧是孔庙。南宋时期的建筑已损毁，现在看到的建筑，应该是明朝修建的，门口有几棵树龄已有500年的古树。

金华市

金华市位于浙江省中部，西边是衢州，北边是杭州，东边是台州，南边是丽水。面积约一万平方公里。金华市是地级市，下辖三县两区，即浦江县、磐安县、武义县、金东区和市政府所在的婺城区，代管四个县级市，即兰溪市、义乌市、东阳市、永康市。全市总人口700多万人，经济发展水平较高，特别是义乌。金华在全国有一定知名度，但大部分人可能只熟悉"金华火腿"。话说来到金华，反倒没怎么感受到"火腿文化"。义乌也很有名气，很多人都听说过"义乌小商品市场"。

金华总共有99个景点，我用了27天来游览。金华没有特别令人向往的自然风景，也没有特别值得一提的田园村落，但金华的古建筑较多，有多个祠堂是全国重点文物保护单位。金华的上山文化遗址群很值得一看，但估计有人会觉得沉闷。武义博物馆，绝对会让游客惊艳，一个经济并不发达的县城里的博物馆，居然可以做得这么好。那是一个叫徐谓礼的南宋中级官员，墓中随葬了很多文书的抄录件，前些年被盗墓贼挖出，四处兜售，却无人购买，因为没有人相信埋在江南墓中的纸张过了几百年还保存得这么好。盗墓贼最终被警察抓获，文物被武义博物馆收藏。这些文物极具历史价值，对研究南宋时期中国行政体制的细节，具有直接的帮助。至于义乌，就算你不喜欢逛商贸城（小商品市场），也可以感受一下它的繁华程度，市中心一条小街上的大部分餐饮店居然都是外国人开的，以中东人居多。横店镇，在荒山野岭里建起了中国最大的影视剧拍摄基地，其创始人徐文荣居功至伟。不过作为游客去横店旅游，会觉得有点失望。人造景区，收费超贵，不知道有什么好看的。明星们的拍摄现场，是不让游客看的。

金华的人文历史有两个值得一说的地方。一个是4世纪的金华人黄大仙，在道教文化里具有重要影响。还有一个，是12世纪的两个金华人，一个是婺学（金华古代叫婺州）的创立者吕祖谦，另外一个是永康学派的创立者陈亮。这两个人生活在同一个时代，是好朋友，都极为优秀，在当时也颇具影响力。吕祖谦极富才华，为人谦和，交游甚广，曾促成被后世传为佳话的鹅湖之会，让理学的代表人物朱熹与心学的代表人物陆九渊面对面展开了思想辩论。对明清两朝知识分子有重要影响的《近思录》，也是在吕祖谦的提议下，由他和朱熹一起编著成书的。陈亮，性格刚毅，仕途艰难，最终妻离子散，家破人亡都无钱埋葬，人生坎坷。他科举不畅，奋斗到50岁，终于高中状元，可惜第二年就去世了。

我对金华99个景点的排名如下：

1
义乌城区
李游指数
93.190

义乌市

2
义乌国际商贸城
李游指数
91.401

义乌市

3
上山遗址
李游指数
90.920

浦江县

4
武义博物馆
李游指数
88.994

武义县

5
中国木雕博物馆
李游指数
87.579

东阳市

6
卢宅景区
李游指数
87.230

东阳市

7
江南第一家
李游指数
86.844

浦江县

8
金华城区
李游指数
86.550

金华市区

9
方岩景区
李游指数
86.466

永康市

10
仙华山景区

李游指数
86.252

浦江县

11
方大宗祠

李游指数
84.077

义乌市

12
大莱茶园

李游指数
83.952

武义县

13
大红岩景区

李游指数
83.839

武义县

14
金华博物馆

李游指数
83.620

金华市区

15
诸葛八卦村

李游指数
83.034

兰溪市

16
水下孔景区

李游指数
82.744

磐安县

17
太平天国侍王府

李游指数
82.667

金华市区

18
灵岩古庄园

李游指数
82.103

浦江县

19
延福寺

李游指数
82.044

武义县

20
东白山景区

李游指数
82.033

东阳市

21
八咏楼

李游指数
81.940

金华市区

22
万佛塔

李游指数
81.900

金华市区

23
婺州古城

李游指数
81.394

金华市区

24
双龙景区

李游指数
81.011

金华市区

25
厚吴村古建筑群
李游指数
80.977

永康市

26
石楠塘徐氏宗祠
李游指数
80.977

金华市区

27
璟园古民居博物馆
李游指数
80.954

武义县

28
龙德寺塔
李游指数
80.910

浦江县

29
横店镇
李游指数
80.770

东阳市

30
前吴村
李游指数
80.733

浦江县

31
长乐村民居
李游指数
80.510

兰溪市

32
牛头山景区
李游指数
80.373

武义县

33
寿仙谷景区
李游指数
80.110

武义县

34
俞源村古建筑群
李游指数
79.811

武义县

35
双林寺
李游指数
79.620

义乌市

36
浦江县城
李游指数
79.569

浦江县

37
芝堰村
李游指数
79.409

兰溪市

38
舞龙峡景区
李游指数
79.240

磐安县

39
玉山古茶场
李游指数
79.224

磐安县

40
天宁寺大殿

李游指数
78.994

金华市区

41
大安寺塔

李游指数
78.644

义乌市

42
东阳博物馆

李游指数
78.588

东阳市

43
雅端村古建筑群

李游指数
78.010

义乌市

44
史家庄花厅

李游指数
77.800

东阳市

45
黄山八面厅

李游指数
77.540

义乌市

46
慧教禅寺

李游指数
76.566

兰溪市

47
紫薇山民居

李游指数
76.264

东阳市

48
陈望道故居

李游指数
74.616

义乌市

49
浦江博物馆

李游指数
74.290

浦江县

50
寺平村

李游指数
73.755

金华市区

51
榉溪孔氏家庙

李游指数
73.744

磐安县

52
马上桥花厅

李游指数
72.711

东阳市

53
佛堂古镇

李游指数
71.845

义乌市

54
古月桥

李游指数
71.680

义乌市

55
秦王宫景区

李游指数
71.550

东阳市

56
郭洞村

李游指数
71.505

武义县

57
乌石村

李游指数
70.440

磐安县

58
东阳白坦民宅

李游指数
70.330

东阳市

59
永康城区

李游指数
70.284

永康市

60
永康博物馆

李游指数
70.066

永康市

61
武义县城

李游指数
69.511

武义县

62
通洲桥

李游指数
69.399

兰溪市

63
新长春园（夏苑）景区

李游指数
69.022

东阳市

64
西姜祠堂

李游指数
68.501

兰溪市

65
上族祠

李游指数
67.401

兰溪市

66
下柏石陈大宗祠

李游指数
67.100

永康市

67
百杖潭景区

李游指数
66.774

磐安县

68
六洞山景区

李游指数
66.221

兰溪市

69
花溪景区

李游指数
65.488

磐安县

70
磐安县城
李游指数
64.858

磐安县

71
嵩溪村
李游指数
64.370

浦江县

72
新圆明园(春苑)景区
李游指数
63.666

东阳市

73
兰溪博物馆
李游指数
63.113

兰溪市

74
千丈岩景区
李游指数
62.663

武义县

75
积庆堂
李游指数
62.630

兰溪市

76
屏岩洞府景区
李游指数
61.940

东阳市

77
黄宾虹故居
李游指数
61.447

金华市区

78
东阳城区
李游指数
61.430

东阳市

79
九峰山景区
李游指数
61.388

金华市区

80
赤岸朱宅建筑群
李游指数
61.230

义乌市

81
夹溪十八涡景区
李游指数
60.962

磐安县

82
兰溪城区
李游指数
60.803

兰溪市

83
社姆山景区
李游指数
60.777

东阳市

84
横店影视城
李游指数
60.400

东阳市

85
德胜岩
李游指数
60.360

义乌市

86
世德堂
李游指数
60.303

兰溪市

87
梦外滩影视主题公园
李游指数
60.300

东阳市

88
台湾义勇队纪念馆
李游指数
60.220

金华市区

89
余庆堂
李游指数
60.201

兰溪市

90
吕祖谦及家族墓
李游指数
60.044

武义县

91
法隆寺经幢
李游指数
59.764

金华市区

92
七家厅
李游指数
57.205

金华市区

93
清明上河图景区
李游指数
54.899

东阳市

94
梦幻谷景区
李游指数
53.611

东阳市

95
义乌博物馆
李游指数
53.417

义乌市

96
神丽峡景区
李游指数
51.633

浦江县

97
铁店窑遗址
李游指数
50.556

金华市区

98
广州街香港街景区
李游指数
46.288

东阳市

99
明清宫苑景区
李游指数
40.222

东阳市

诸葛八卦村（李游指数 83.034）

诸葛八卦村是一个古文化村落，景区门票 90 元。诸葛亮死后 1000 年，其后人中的一支迁徙到此地，于是有了这么一个村子，距今已有 700 年的历史。

进入村子，首先看到的是丞相祠堂，供奉着他们的祖先，诸葛亮。有两个牌匾，分别写着"名垂宇宙""万世敬仰"。走到村子中心，水塘旁边的大公堂里展示了村子和族人的历史。有意思的是，这个族谱是在民国时期修订的，序是由民国的重要政治人物陈果夫写的。我正好奇为何是他，就听当地的导游在给别的游客讲，因为当时陈果夫的秘书是诸葛村的人。这让我联想到庆元县大济村族谱的序，是文天祥写的。因为，文天祥是大济村的外甥。

陈果夫这个序写得好，很有水平。由家族，说到国家，由家训，说起民族存亡，值得一读。大公堂和丞相祠堂这两个建筑，都有五六百年历史，经过多次重建重修，今天看到的依然高大宏伟，很是气派。其他古建筑，大都是普通民居。

仙华山景区（李游指数 86.252）

　　仙华山景区门票60元，性价比很高。在浦江县城向北远眺，就可以看到仙华山。出县城不远，由平原开始爬山。车子顺着盘山公路开到半山腰，买票进入景区，走东线较快。下车沿台阶路上山，不到一个小时，就到山顶了。

　　山上的景色美极了。几个山峰，像玉米棒子和春笋，类似张家界石英砂岩地貌，好看极了。站在山顶向南望，能望见五星形状的水库和一片平原中的县城。西边是群山，层峦叠嶂，是浙江山区特有的淡墨写意。东边是一个山谷，中间散落着两个小村庄。北边是高山，连绵不绝。山顶上，风在耳边呼啸着。从山顶小平台再爬上旁边这个小山，真得手脚并用，脚蹬手抓，有点爬华山的感觉。幸好有坚固的铁链可以抓着，要不然真不敢上啊。

灵岩古庄园
（李游指数 82.103）

在新光村，有几栋连在一起的清朝古建筑，是当时一个大户人家的私宅，以"新光古建筑群"被列入省级文物保护单位名录。最宏大的是朱氏宗祠，四进三天井的院落，没有戏台，天井较为宽敞，感觉比较敞亮。第四进，供奉祖先的房子中间，有一个特别之处，叫"天池"。这本是一座二层结构的房子，中间设计了一处空地，就是天池，为的是烧纸祭拜祖先的时候，纸灰可以飘得更高一些，寓意为寿高福大。

旁边几个古建筑内被隔成了小单间，经营各种小玩意。这里游客很少，也都是免费参观。有意思的是，旁边润德堂院子里，改成了一个类似露天音乐吧的地方，有一个女歌手在唱歌，同时在做网络直播。这是一个二层楼围合而成的小院，朝向中间院子的房间都有窗户，院子里摆有座椅，几个游客和我坐在这里，静静地听着歌，感觉真好。她唱的都是一些熟悉的老歌，真是赏心悦耳。这里被一个年轻人组成的团队，打造成了国家级乡村旅游青年创客示范基地，他们把这里叫廿（niàn）玖间里。

这样做，挺好的。我一直都有一个观点，房子是用来住的。不能为了保护古建筑，就把它们空在那里，那样看起来是"保护"，实际上，既没了建筑的灵气，也不利于建筑的寿命。我们都有这样的生活经验，老家的老房子，只要有人住，好像一直都能用，但如果没人住了，老房子很快就会塌。像廿玖间里这样开发成其他用途，既有吸引力，也有利于当地经济的发展。如果做不到这种开发，至少像兰溪的章氏家庙那样，把这些建筑当作当地的公共娱乐空间，让老人们在里面打牌聊天也挺好的呀。

上山遗址（李游指数 90.920）

上山遗址是全国重点文物保护单位。浙江的考古工作做得是比较好的。上山文化，距今大概一万年到八千年；跨湖桥文化，距今七八千年；河姆渡文化和马家浜文化，都是距今六七千年；崧泽文化，距今五六千年；良渚文化，距今四五千年。这就构成了浙江地区非常完整的史前文化序列。

上山遗址出土的文物比较丰富。陶器、磨制的石器、栽培水稻、木建筑，都有发现。21世纪初，上山遗址发现后，省考古所以此为依据，在四周探寻新的遗址。至今，在周边县市，已发现19处和上山遗址同时代同类型的遗址，大都分布于附近的钱塘江流域。上山文化遗址群，是中国距今一万年左右规模最大、分布最为集中的考古成果，这可真是人努力，天帮忙。遗址现场建成了考古公园，展示了发掘出土的文物。虽然现场展示的文物数量不算多，但意义极为重大。

江南第一家
（李游指数 86.844）

进入江南第一家景区之前，就能看到的一条步行道上依次矗立的九个牌坊，虽然是近年新建的，但依然给人庄严、神圣的感觉。每个牌坊，都有其背后的历史故事。牌坊的名字依次是：江南第一家、孝义门、三朝旌表、有序、恩德、麟凤、取义成仁、礼部尚书、九世同居。

进入村子沿着小溪走几分钟，才到景区的核心景点，郑氏宗祠。这是全国重点文物保护单位。宗祠建筑规模较大，院子里有几棵600多年的古树，为这个宗祠增添了历史感。

1193年，郑绮临死前，要求子孙们以后不许分家。自此，郑家的人越来越多，这与其他家庭不同，所以名声远播。在元朝时，就被朝廷褒奖过两次。1385年，郑家人受到当时皇帝朱元璋的接见，朱元璋在赞美的时候，用了"江南第一家"这个说法，这就是此景区名称的由来。

郑家自1193年开始不分家，到1459年因一场大火被迫分家，前后总共持续了266年，共财、共食、同居，历经15世，宋、元、明三朝，整个家庭人最多的时候，有3000余人。要让这么多人一起过日子，绝非易事，确实很是少见。所以，郑家也采用了严格的管理方式，有金字塔式的组织结构，有168条家规作为管理制度。

古人讲，修身齐家治国平天下。能"齐家"的人，就可以"治国"。因此，朱元璋为郑家当时的管理人郑沂安排了职位，从一介布衣直接提拔为一品尚书。当然，管理家族和在朝廷当官是不同的，家族内部，以孝义为理念，以奖罚为措施，公正执行就可以了。在朝廷当官则要适应错综复杂的官场文化，不是有高尚的道德和优秀的管理能力就可以的。所以，郑沂没干多久，就干不了了。

人都是有私心的，很少有人例外。所以，结婚后就分家，是人类摸索出来最有效率的生活方式。郑家这种吃大锅饭的做法，并不具有普适性。因此，也才会因少见而出名。不论怎样，作为旅游地，游览体验还是不错的。

人，是万物的尺度。城市是人创造出来的，所以对那些美丽的城市，我会喜悦于它所呈现出来的活力，也发自内心地欣赏和钦佩它的创造者所付出的才智和辛劳。我以为，每个城市都是一个"人造景区"，每一代居民，都会或多或少地参与它的建设。有些城市，在古代曾经有过辉煌，今日却无法重现繁华；有些城市，过去很不起眼，却通过最近几十年的发展，成为全国甚至全世界知名的地方。

义乌城区（李游指数 93.190）

义乌城区，就是这样一个城市。因为义乌人的拼搏进取，这里才有了世界上最大的小商品市场。国际商贸城东侧那一片高楼大厦，是中国大部分地级市都没有的。这里街道干净，沿街店铺很多，消费方便，还有一个三挺路夜市，很是热闹。市区人口近百万人，富裕者较多，车辆很多，城区堵车较为严重。这里外地人多，还有很多外国人，大多是来采购的。这里的餐饮种类丰富，湘菜做得很好吃。

方大宗祠
（李游指数 84.077）

方大宗祠是全国重点文物保护单位。三进七间，两个院落，前院有水塘。主厅柱子都是石制的，应该是清末民初的建筑。今天在这里，我有两个收获。

其一，第一次看到有人把宗祠搞成彩色的。蓝色的石柱，红色栋梁，彩绘的牛腿，简直可以用五彩斑斓来形容了。感觉这个宗祠好喜庆，布置得像个洞房。挺少见，挺特别，也挺有意思的。另外，宗祠两侧有很多碑牌，展示的是族人捐款的信息。

其二，看到主厅墙上贴的文字，是关于这个家族2017年组织的第27次族谱重修的相关信息。有两点让我印象深刻：

第一是，1999年的时候，家族内部组织过一次族谱的编修工作，但是，结果并不理想。估计是大家那会儿还都忙着赚钱呢，没心思关心这些东西。现在大部分人钱赚得差不多了，也就有了心理和精神上的需求。

第二是，家族自1225年开始，一直有族谱。1930年，还进行过第25次编修，共计38卷，一直完备。可惜的是，"文化大革命"期间把这些旧东西都烧毁了。幸亏该家族一位叫方梧灶的人，保留了其中的一卷。

义乌国际商贸城
（李游指数 91.401）

近几年有一些城市也建了"义乌小商品市场"的商业项目，这使很多没有来过浙江的人，也知道了义乌小商品市场。其实，在 1990 年，义乌小商品市场已经是中国最大小商品专业批发市场。在 2005 年，义乌国际商贸城已是全球最大的日用品批发市场。

义乌国际商贸城，占地面积很大，有 600 多万平方米。每个区都有三五层。总共有五个区，120 个门，7 万个商铺，200 万种商品。2019 年，交易总额达 4500 多亿元人民币。

从地图上看，义乌大致位于浙江省的地理中心，北边是杭州，西边是金华、衢州，东边是宁波、台州，南边是丽水、温州。但这个因素，好像也不是成就义乌市场的主要原因。不过当地人在过去从事多年的"鸡毛换糖"小买卖，也许为今天的商业重镇奠定了基础。

卢宅景区
（李游指数 87.230）

卢宅景区门票 65 元，是全国重点文物保护单位。卢氏家族在明清时期曾是金华地区的名门望族，先后高中进

士者 8 人，成为举人者 29 人，在政府当差的有 120 多人。

过了售票处，先走过一条几百米长的古街，就能看到三座牌坊，再就是卢宅了。这是一个古建筑群，大多是明清时期的房子。东侧有三个院子，依次是东吟堂、树德堂、世德堂。东吟堂是一进三开间小院，始建于 500 年前，屡毁屡建，现在看到的建筑，是 100 年前重建的。树德堂是三进三开间的院落，始建于 400 年前，250 年前毁于大火，后来重建，本来在东街，现在看到的建筑是 30 年前迁建过来的。世德堂的原建筑大多已毁，现在看到的两栋房屋惇裕堂和嘉会堂都是 30 年前从别的地方迁建过来的。

景区的核心建筑是肃雍堂。此院落始建于 560 年前的明朝，前后九进，纵深 320 米，是现存中国古代私宅建筑中纵深最长的。大门口的对联，是王阳明的父亲、明朝的科举状元王华题写的。主厅采用了双拱形屋顶的建筑结构，很是少见。在景区里的嘉会堂看到了"九狮戏球"主题的木雕三架梁。这个三架梁，长 2.4 米，高 1.5 米，由一整块樟木雕刻而成的。由此可见，选用的大树有多粗啊，至少是三个人都抱不住的大樟树。三架梁，位于五架梁的上半部分，是纵向两个柱子上面的房梁名称，是横向的五根房梁的受力支撑点，是建筑中重要的受力部件。所谓"四梁八柱"，就是指传统木结构房屋建筑中的基础受力构件，梁和柱。架梁的第一要求是，坚固结实耐用。在这么重要的结构上，以如此大的原木为载体，雕刻成栩栩如生的画面，可见设计之大胆，技艺之高超。东阳木雕是中国木雕中最著名的，此物品，则是清末东阳木雕艺术的代表作之一。狮子戏球，寓意好事在后头。只是，我看了半天，也只有四只狮子呀，为何叫九狮戏球？直到我到中国木雕博物馆看到了另外一个五只狮子的三架梁，说是从卢宅借的，才知道，原来两个三架梁合起来的寓意才是"九狮戏球"。

中国木雕博物馆（李游指数 87.579）

东阳是木雕之乡，把中国木雕博物馆放在东阳，是很合适的。这个博物馆建得很好，建筑外观有特点，内部空间高大宽敞，装修豪华，布展内容全面精美，给参观者以极大的享受。可以直接上二楼进行参观。二楼中庭大堂是十幅大型木雕画，展示国家改革开放的主题。四周是临时展、历史展和生活展。三楼有四个展厅，分别是大师展、世界展、竹艺展、家训展。

这才是国家级博物馆应该有的水平，我认为，国字头的主题博物馆都应该按照这样的水平来展示，应该对所展示的内容，做一个横向的对比，把世界上其他做得好的国家的成绩，也展示一下，这样才能让我们了解到我们所处的水平，也好借鉴别国的经验。有容乃大，我们要想进步，就必须有胸怀去了解和借鉴别人的成就。

横店镇是一个神奇的镇，一个比它所属的县城还要繁华的镇。一个人改变一座城，这个人，被当地人戏称为"横店市的市长"，他就是横店集团的创始人，徐文荣。

徐老很长寿，今年已经85岁了。他从大队支书干起，推动了横店的发展。横店集团，已是一个旗下有5家上市公司、拥有5万多员工的大企业。

以横店影视城为龙头的横店集团，给横店镇带来了财富和人气，这里很热闹，不仅有很多酒店，沿街是有很多餐饮店和服装店、夜市，商业气氛浓厚。在这里看到很多独栋带院子的自建房，比城里很多豪华别墅看起来都气派。沿街还看到很多演出行业的小公司和店铺的招牌，让人真切地感受到，这里是中国最大的影视生产基地，每天有几万人在这里从事着与影视相关的工作。

横店影视城，是横店早期景区的名称，后来又建设了很多新景区，使用其他的名称。我这两天游玩了其中票价最贵的8个景区，感觉都存在门票太贵、演出节目质量不高、人造景观粗糙等问题。至于影视剧的拍摄现场，是不让游客参观的。

横店镇（李游指数 80.769）

方岩景区（李游指数 86.466）

方岩景区门票 65 元，景区内摆渡车免费，让人感觉这个景区的门票价格很实惠。这是一个人文历史与自然风光完美融合的景区。乘摆渡车到东门，买票进入景区。爬山半个小时到山顶，走一段卖香火的"天街"，就到了景区的核心景点，胡公祠。

胡公祠供奉的是北宋年间永康第一个进士——胡则。他为官清正廉洁，并在晚年上书皇帝，极力争取，为金华和衢州地区的百姓免去了人头税，当地人感念他的大德，在他少年时期读书的广慈寺旁边修建了这个祭祀他的祠堂。

胡公祠，三进三开间院落，前面是大门，中间是大殿，后面是烧香的地方。烧香的地方是利用了一个天然的山洞，在上面加盖了二层阁楼。

这里游客很多，绝大部分是永康及周边县市的人，都是来烧香祈福的。香火很是旺盛，对比起来，隔壁的广慈寺倒是显得有些冷清。虽然胡公祠不是寺庙，供奉的既不是神也不是仙，而是一个在历史上真实存在过的官员，但是，作为民间信仰，依然得到了赵朴初的题名。

从胡公祠向旁边走五分钟，就到了"天下粮仓"观景台。这里有几座丹霞地貌的山峰，看起来像是粮仓。从山门旁边走过天桥，也有一个观景台，是从另外一个角度看丹霞地貌。

南宋著名的五峰书院也在附近，当年，朱熹、吕祖谦、陈亮都曾在此讲学。陈亮就是永康本地人。

　　陈亮是一个理想主义者，凡是理想主义者，按照世俗标准来看，大多都有悲剧人生。陈亮确实命运多舛。自幼家境贫寒，虽志向远大，但科举之路不顺。在中国古代那样刻板的社会氛围里，他一直按照自己耿直的秉性为人处世，于是四处碰壁。他曾有机会进入官方的最高学府学习，为考试做准备，却因为老师讲课时表达了议和的观点，愤慨之下退学走了。他两次跪在南宋皇宫门口，哭求皇帝北上抗金，收复中原。他没有官职，靠种地和讲学为生，穷困潦倒至家里三个亲人相继去世，却无钱埋葬。他妻离子散，老婆带着孩子回娘家了。因耿直，他还曾被人陷害入狱。他坚持参加科举考试30余年，终于在51岁的时候高中状元。可惜的是，不到一年，他就病逝了。

　　幸运的是，他有两个好朋友，一个是吕祖谦，给了他很多帮助和关照。另外一位，是与他晚年志趣相投的好友辛弃疾。朱熹和吕祖谦，都是南宋理学的学术权威，既然愿意与陈亮多次交流学术观点，可见陈亮的学术思想还是非常有价值的。陈亮，在那样艰苦的生活条件下，依然以一己之力开创永康学派，确实非一般人。他是一个值得敬佩的爱国主义学者，一个有自己独立思想的文人。

金华市区

　　金华市区位于浙江省中部，包括两个行政区，西边的婺城区和东边的金东区。两个行政区的总面积约2000平方公里，

城区面积大概 200 平方公里，城区人口近百万人。城市管理得非常好，整洁舒适，让人喜欢，是一个宜居的地方。

东阳江与武义江在金华市区汇合后，称为金华江，向西北方向奔流 30 公里，在兰溪市区与衢江汇合后，又称为兰江。金华老城区在江北侧，背靠大山，面向三江，景色很好。人民广场附近是老城区最繁华的地方，现在依然热闹，有很多商场和步行街。改革开放后，金华跨江向南发展，南岸现在已发展成熟，市政府周边最繁荣，有很多写字楼和商业中心及步行街。现在，金华向东西两翼拓展城市空间，婺城区政府设在西边距离城区较远的地方，周边还比较荒凉。金东区政府设在东边。两江汇合形成夹角的地带，是中国婺剧院，旁边还有城市展馆。周边是高大上的新建大楼和万达广场，与江北的婺州古城遥相呼应。金华城区的街道都很干净整洁，交通秩序良好，不论是走路还是骑着共享自行车闲逛，都很惬意。江边风光也很好。这是一个宜居的城市，也是一个适合休闲度假的地方。

太平天国侍王府
（李游指数 82.667）

太平天国侍王府是全国重点文物保护单位。1861 年建造，是全国现存太平天国建筑中最大最完整的。门口的照壁，高大齐整。主殿五开间，梁柱壮实简洁。主殿展示的是清朝官服。清朝的文官根据品级不同，补子采用不同的飞禽图样，武官则根据品级不同，补子采用不同的走兽图样。连廊后面是三开间的二殿。后院有两棵树龄长达1100年的古树。最后一进屋内，展示了太平天国运动的一些信息。这个大院，据说一直是古代金华的"市政府"。展品里有一张清朝时期，金华府知府继良出行的照片，坐的是八抬大轿，让人印象深刻。

双龙景区（李游指数 81.011）

双龙景区门票80元，景交车车票30元，价格合理。购票后，乘景交车可到第一个景点，仙瀑洞。这是一个适合探险的溶洞，很深的溶洞里，一个小小的瀑布从几十米处落下。有几处通道非常狭窄陡峭，登台阶从山下爬上去，从山腰处出洞后，下山来继续乘车。旁边还有一个朝真洞，较远，我没有去。仙瀑洞的景观，我感觉很一般。

第二个景点是黄大仙祖宫。黄大仙是距今1600多年的晋朝人，本名黄初平。传说当年黄初平在此地放羊，后来修道成仙了，因此被尊称为黄大仙。黄大仙是道教的神仙，在我国东南沿海、港澳地区乃至东南亚华侨中有很多人供奉他。黄大仙祖宫是江南地区规模最大的道观。进山门后，是灵官殿，院子左边是钟楼，右边是鼓楼，晨钟暮鼓。第二进大殿是赤松宫，院子中间多了一个祭台，上面是太极图，南侧有一个桥，叫会仙桥。最后一进，是三清宫。中轴线两侧的屋子，是道士们学习生活的地方，主殿内可以祈福和抽签，有两个道士在旁边，专门给人解释签上的内容。道观坐北朝南，背靠金华山，应该是近年新建的。继续乘景交车，到达第三个景点，双龙洞。这是一个典型的喀斯特地貌溶洞，洞口有三个摩崖题刻，"双龙洞"刻于唐朝时期，"洞天"刻于宋朝时期，"三十六洞天"刻于民国时期。洞口不高，有流水，乘船的时候必须躺下才能进入，景区为此取名"卧舟"入洞。洞内主要有两个大的空间，有一些钟乳石。穿过双龙洞，就是冰壶洞，这个洞里有一个瀑布，很是少见。如果是天然形成的溶洞瀑布，确实难得，但据我看，好像是人为修建的瀑布。这个景区所在的大山，金华人通常叫北山，因为在市区北边，现在它书面的名字是金华山。

武义博物馆（李游指数 88.994）

真没想到，一个小县城的博物馆居然可以做得这么好！建筑的外观、用材、内部空间，设计合理讲究，与很多省会城市的大博物馆相比都毫不逊色。布展也很好，一楼是临时展厅、婺州窑、南宋文书陈列，二楼是自然历史民俗展。特别值得一提的是，一楼的南宋文书陈列，简直太惊艳了。

距今 800 多年前，南宋时期武义县有一个叫徐谓礼的人，因父亲担任高官，直接获得了官府内的职务。他 20 岁时担任杭州府相当于粮站管理者的职务，33 岁担任相当于江苏省溧阳县县长的职务，47 岁是江西省上饶市的"市长"，51 岁任福建省泉州市的"市长"。53 岁病逝后，埋葬在武义县城东郊。他随葬品中的文书，让我们得以见识南宋时期政府官员文书的具体内容和格式。而此事，颇有些传奇。

中国古代记录文字的载体，商周时期是青铜器，秦汉时期是竹简。魏晋隋唐时期，西北敦煌等干燥地区偶有发现文书。明清时期因为距今不远，存世的有文字记录的纸张原件较多。但两宋时期的文书原件，非常稀少。武义县地处江南，水多潮湿，纸张是非常容易朽烂的。而徐谓礼随葬品中的文书纸张，居然能完整保存 700 多年，真是罕见。而且，这些文书的内容非常全面，多达 4 万余字。内容包括"个人档案"、政府下达的"职务任命书"、政府给徐谓礼的"职级认定书"三类。这么多详细完整的内容，对我们了解南宋时期的政府运行体制，非常有价值。

如此重要的文物，居然是从盗墓贼手中发现的。好笑的是，因为这些文物太过珍稀，居然卖不出去。因为没有人认为它是真的，都以为是伪造的。万幸的是，全部 17 卷纸，都没有被破坏掉。虽然我们在博物馆看到的是原件高清扫描后打印的版本，但是，站在 800 年前古人手抄的这么多官方文书面前，看到我们熟悉又陌生的毛笔字，仿佛也能看到当时写下这些字的场景。南宋的字，真是漂亮啊。站在这些官员的任命书和个人档案跟前，也能感受到，中国古代政治体制运行之成熟，绝对是世界领先的。

武义县还有一位重要的历史人物，他就是南宋时期与朱熹齐名的思想家吕祖谦。

吕祖谦出身大户人家。这个大户可不是一般的大户，而是一个很大很大的大户。其先祖是西周著名的姜子牙，又名吕尚。姜子牙当时的封地是山东莱州，所以，大家又称吕祖谦为吕东莱。吕祖谦出生于 1137 年的南宋。

吕家家族史上曾有过祖孙三代都担任过宰相的佳话，即吕蒙正、吕蒙正的侄子吕夷简、吕夷简的儿子吕公著（吕祖谦的六世祖）。这里要提一句，另外一个祖孙三代为相的家族，是史家（史浩、史弥远、史嵩之）。吕祖谦的爷爷和父亲，虽然不是高官，但也都有官职。可以说，吕祖谦出身官宦世家，书香门第。

不少有天赋和才华的学者，性格比较孤僻，不好相处。而吕祖谦却能够将当时的重要学者组织起来进行讨论，竭力为他们进行学术交流提供便利。陆游、辛弃疾、朱熹、张栻、陆九渊、陈亮、陈傅良、叶适等众多著名学者，都与吕祖谦交好。吕祖谦组织过著名的鹅湖之会，为这些学问大家进行思想的碰撞提供了宝贵的机会。可以说，吕祖谦在南宋学者中的影响力，至少是与朱熹齐名的。流传后世的著名的《近思录》，也是在吕祖谦的倡议下编著而成的。遗憾的是，天妒英才，吕祖谦44岁便突然病逝了。

延福寺
（李游指数 82.044）

延福寺是全国重点文物保护单位。进入山门，天王殿、主殿、观音殿，由前到后布局。除主殿外，其他现存建筑都是清朝时期修建的。主殿始建于1317年的元朝，但建筑风格还是

宋朝的，此殿是江南地区现存的为数极少的木结构建筑。明朝于1463年修缮的时候，添加了外围的下檐。这个情况，和宁波保国寺大殿的经历类似。都是宋朝的建筑风格，后朝修缮的时候，在外围添加了下檐，使建筑物看起来好像是重檐结构。我觉得，这个添加的结构对于建筑主体的保护，具有非常重要的作用，可以防潮隔湿。主殿的空间结构，并不是我们常见的三开间，而是由四个柱子组成的正方形结构。中间设置了一个"n"形的基座，用于摆放佛像。

这个院落现在是专门的古建筑保护区，旁边建筑里做了相关信息的展示，游人稀少，一个人在这安静的古寺里漫步，感觉很好。

延福寺大殿的历史价值，是梁思成林徽因夫妇1934年现场考察测绘后发现的。梁林夫妇二人在民国时期就致力于中国古建筑的考察、测绘和保护，难能可贵，值得赞颂。

大红岩景区
（李游指数 83.839）

大红岩景区是一个有丹霞地貌的风景区，门票88元（包含景交车和玻璃栈道），玻璃滑道的票是30元，索道的票是40元。乘景交车到半山腰，爬山十分钟后，要走一段玻璃栈道，然后继续爬山十分钟，就能到达山顶。在山顶绕山走大半圈，我就下山了。玻璃滑道很短，没有必要消费这个项目。下山后有一个观光台，是看"红岩"的最佳位置。

这个景区的核心景点就是"红岩"，全程都是绕着它走的。这是一个高 200 多米，宽 300 多米的山体断面，和一般的丹霞地貌不同，这个断面很干净，只有黄棕色，一点其他的颜色和斑驳都没有。在夕阳的照射下是红色的，所以叫红岩。这么平整和干净的山体断面，非常少见，像是被刀从上往下切割过一样，和周围山体的颜色完全不同，非常醒目。在玻璃栈道上近距离观看，很是震撼。

台州市

台州市位于浙江省东部沿海地区，东边是大海，南边是温州，北边是宁波，西边是金华。面积约一万平方公里，境内中西部大多是山区，东部大多为滨海平原。台州市是地级市，下辖三县三区，即仙居县、天台县、三门县，黄岩区、路桥区和市政府所在的椒江区，代管三市，即临海市、温岭市、玉环市。人口约600万人，经济发展水平较高。台州市共有71个景点，我用了22天来游览和感受。台州的景点总体来说感觉一般。在浙江比较有名的天台山，我游览后觉得有点失望。神仙居景区，有一个"网红"景点如意桥，看图片很有美感，但现场看也有点一般。被称为"江南长城"的台州府城墙，确实很惊艳，但我也不敢向全国人民拍着胸脯推荐，我怕你们远道而来游览后，万一失望，会骂我。

台州的人文历史，可说的也不太多。如果非要说，可能只有一个方孝孺吧。他大概是中国历史上唯一一个被皇帝下旨满门抄斩灭十族的人，所以，凡是知道这个故事的人，一定不会忘记，太特别了。恨他到如此地步的，是明朝那个篡权夺位但又很能干的皇帝朱棣。让永乐大帝留此劣迹的起因，居然仅仅因为方孝孺不愿意给他起草一份"皇帝任命书"。方孝孺是当时很有声望的知识分子，又是前朝重臣，因朱棣不是通过正常途径获得皇位，所以方孝孺拒绝支持他。方孝孺拒绝给朱棣起草即位诏书时说——"别说灭九族，就是你灭我十族，我也不会写的"，最终他的所有亲友几百人，都成了朱棣杀人立威的牺牲品。方孝孺是宁海县人，宁海在古代一直属于台州，但现在属于宁波，所以，把方孝孺算在台州的历史人物里，可能还有点不合适。

我对台州71个景点的排名如下：

1 台州府城墙 李游指数 90.009 临海市	**2** 神仙居景区 李游指数 89.205 仙居县	**3** 临海城区 李游指数 86.030 临海市
4 龙兴寺 李游指数 84.737 临海市	**5** 巾山 李游指数 84.626 临海市	**6** 黄岩博物馆 李游指数 83.767 黄岩区
7 国清寺 李游指数 83.441 天台县	**8** 龙穿峡景区 李游指数 82.794 天台县	**9** 天台山大瀑布 李游指数 82.755 天台县
10 石夫人 李游指数 82.001 温岭市	**11** 方山景区 李游指数 81.906 温岭市	**12** 温岭城区 李游指数 81.006 温岭市
13 椒江戚继光祠 李游指数 81.004 台州市区	**14** 九峰公园 李游指数 80.911 黄岩区	**15** 琼台仙谷 李游指数 80.771 天台县

16 温岭博物馆 李游指数 80.222 温岭市	**17** 临海博物馆 李游指数 80.109 临海市	**18** 石梁景区 李游指数 80.073 天台县
19 小箬村 李游指数 79.948 温岭市	**20** 景星岩景区 李游指数 79.884 仙居县	**21** 桃渚城 李游指数 79.830 临海市
22 天台山景区 李游指数 79.748 天台县	**23** 长屿硐天 李游指数 79.701 温岭市	**24** 千年曙光园 李游指数 79.655 温岭市
25 东辉阁 李游指数 79.333 温岭市	**26** 赤城山景区 李游指数 79.304 天台县	**27** 浙东十八潭景区 李游指数 79.230 黄岩区
28 布袋山景区 李游指数 78.951 黄岩区	**29** 括苍山 李游指数 78.544 临海市	**30** 三门县城 李游指数 78.447 三门县

31
恩泽医局旧址

李游指数
78.441

临海市

32
东湖公园

李游指数
77.616

临海市

33
坎门验潮所

李游指数
77.404

玉环市

34
公盂景区

李游指数
77.303

仙居县

35
沙埠窑遗址

李游指数
74.866

黄岩区

36
文庙

李游指数
74.566

临海市

37
台州博物馆

李游指数
74.410

台州市区

38
紫阳街

李游指数
73.774

临海市

39
台州城区

李游指数
73.420

台州市区

40
中国柑橘博物馆

李游指数
72.520

黄岩区

41
台州府城墙博物馆

李游指数
72.301

临海市

42
多宝讲寺

李游指数
72.117

三门县

43
亭旁起义纪念馆

李游指数
71.611

三门县

44
东沙渔村

李游指数
71.366

玉环市

45
林应麒功德牌坊

李游指数
71.001

仙居县

46
天台县城
李游指数
70.832

天台县

47
仙居县城
李游指数
70.688

仙居县

48
金清大桥
李游指数
70.604

温岭市

49
新河闸桥群
李游指数
70.602

温岭市

50
南峰塔、福应山塔
李游指数
70.585

仙居县

51
木杓沙滩
李游指数
70.335

三门县

52
一江山岛登陆战纪念馆
李游指数
70.313

台州市区

53
玉环城区
李游指数
70.200

玉环市

54
浙江启明博物馆
李游指数
70.008

三门县

55
富山大裂谷景区
李游指数
68.700

黄岩区

56
野人洞景区
李游指数
68.241

三门县

57
海盗村景区
李游指数
67.885

三门县

58
高迁古村
李游指数
67.114

仙居县

59
黄岩大瀑布景区
李游指数
65.001

黄岩区

60
黄岩城区
李游指数
63.777

黄岩区

61
皤滩古镇

李游指数
63.223

仙居县

62
仙居古越族岩画群

李游指数
63.055

仙居县

63
大溪东瓯古城遗址

李游指数
62.333

温岭市

64
响石山景区

李游指数
62.004

仙居县

65
椒江博物馆

李游指数
61.003

台州市区

66
江南大峡谷景区

李游指数
60.730

临海市

67
济公故居

李游指数
60.509

天台县

68
江厦潮汐试验电站

李游指数
60.040

温岭市

69
漩门湾观光农业园

李游指数
58.661

玉环市

70
淡竹原始森林景区

李游指数
53.610

仙居县

71
路桥区博物馆

李游指数
25.033

台州市区

国清寺（李游指数 83.441）

　　国清寺是全国重点文物保护单位。可以免费参观，从停车场进去，过原来的检票口，顺着马路旁边的步行道前行十几分钟，即到寺院。站在原检票口附近的路边，可以欣赏周边的风景。眼前的山谷平地上种了油菜，再远处是群山，山与平地连接处的树林里，就是国清寺。一座纤细高挑的古塔，像是地标，清楚地标出寺院的位置。古塔叫隋塔，因寺院创建于公元 598 年的隋朝而得名。这是一座六面九级砖木结构的空心塔，和寺院建筑一样，屡毁屡建，大多重建于 1734 年的清朝。这个塔在古塔中，算是较高的，近 60 米。红棕色的塔体，细高的造型，远看像个烟囱。过一个跨溪小桥，可以从一个较小的偏门进入国清寺，这在众多大寺院中还是比较少见的。过一个甬道，便是山门，古朴典雅。进去的第二进建筑，叫雨花殿，殿内是四大天王的塑像。进去第三进建筑是大雄宝殿，殿内有明代的青铜器佛祖造像，能保存至今很是难得。侧面一个小院，有一棵梅树，距今已 1400 年，是隋朝时期栽种的，叫隋梅，值得一看。

　　整个寺院古朴肃雅，很有历史感。来国清寺的路上，途径天台博物馆，那里正闭馆改造，无法参观。从外面看，博物馆的规模不大。

龙穿峡景区
（李游指数 82.794）

龙穿峡景区包含玻璃桥和玻璃栈道的门票135元，玻璃滑道30元，游览时间大概2个小时。

景区内有两个瀑布，分布在峡谷前后。景区里的水库修建于20世纪70年代，水库的大坝高50米。大坝所截留的小溪，原来是从一个窄窄的山体的狭缝中穿流而出的，这应该就是龙穿峡名字的来源。这段峡谷，很是神奇，峡谷大概不到十米宽，两边的山有四五十米高，像刀切出来的一样。

我感觉上面这个瀑布是人造的，应该是从水库里抽水到上面的。玻璃栈道从瀑布上绕过的设计，挺新颖。

天台山大瀑布
（李游指数 82.755）

我第一次去天台山大瀑布景区的时候，景区暂停营业，瀑布也"消失"了，所以，我猜这是一个人造瀑布。为弥补缺憾，2021 年 1 月 26 日下午，我再次专程来到天台山大瀑布景区。不巧的是，今天瀑布的水看着比较小。问了工作人员，说是水管爆裂了，在维修。感觉这瀑布的水流量只有正常时期的一半。也许因为没达到心理预期，转了一圈，感觉一般吧。门票 100 元。

天台山景区（李游指数 79.748）

　　天台山是天台县城北边一大片山区的名字。天台山景区包括国清寺、石梁、赤城山、琼台仙谷、华顶森林公园、龙穿峡、大瀑布等多个景区。这些景区都是独立的，每个都要单独买票，也不在同一个地点，相距都有半个小时左右的车程。虽然这些景区的参观体验都不错，但作为有一定知名度的天台山，整体来说感觉一般。也许是因为它的名气给我造成了较高的期望值，也许是因为景点太分散，也许是因为没有特别突出特别惊艳的风景，总之，在我心里，觉得天台山的景色与它的名气并不匹配。

神仙居景区（李游指数 89.205）

  从南门进入，乘坐缆车可到山顶。缆车是崭新的，稳定舒适速度又快。山顶还有部分地方在施工，没有完全开放。在南天桥附近玩了一会儿，向如意桥方向走，基本都是平路。如意桥是景区 2020 年新建的钢结构桥，横跨两座垂直的悬崖，桥面有实心台阶，有镂空钢缝台阶，还有玻璃桥面。桥的造型新颖独特，现在成了"网红"桥，很多游客都是冲着这个如意桥来"打卡"的。我很欣赏这个做法，通过独特的设计，赢得游客的认可。

  从北线坐缆车下来，再乘坐景交车从北入口出去，整个行程就完成了。因为没有爬山，一点都不累。南北入口之间，有大巴车可以乘坐，15 元一位，最多等 20 分钟。门票 110 元，上下缆车票 120 元。景区南北入口之间那段公路，景色也特别漂亮。景区是火山流纹岩地貌，有很多悬崖峭壁。

台州府城墙（李游指数 90.009）

　　台州府城墙是全国重点文物保护单位。门票 50 元。从揽胜门进入景区，爬一段台阶路，站在城门上鸟瞰，景色美极了。正前方是东湖公园，西侧是老城区，东侧是新城区。北侧山坡上有黄色树叶点缀的秋色，更是增添了不少美感。沿着山脊走的北城墙，景致一般，基本都在树林里。向西走，大概一千多米是烟霞阁，从这里到朝天门这一段路，景色也很美。

　　台州府城墙又叫"江南长城"，因为这一段城墙是修建在山脊上的。而烟霞阁到朝天门这一段，又有"江南八达岭"的美誉。从 621 年的唐朝至 1994 年，一千多年里，临海老城区一直是古代台州府的所在地。所以，这个古城墙，是古代中国一个城市的城墙，比较完好地保留至今，实属少见。北城墙是沿着北山顶修建的，东城墙在东湖公园西侧，西城墙和南城墙是沿着灵江修建的。现在，除了东城墙于 1956 年拆除，建成了现今的东湖路，其他三面城墙都基本保持了原来的位置。进入 21 世纪，政府重修了这三面城墙。台州府城墙相比西安城墙而言不算高大，但北边这段城墙，直接修建在山脊上，颇为独特。加之，东有东湖，西和南有灵江，远处又是层峦叠嶂的群山，所以，景致也别有一番趣味。

龙兴寺
（李游指数 84.737）

龙兴寺始建于 705 年的唐朝时期，是台州地区历史上最重要的寺院。寺院内的建筑是唐朝风格，很好看，较为少见，有点日本建筑的感觉，当然，日本古建筑的风格都是学习了中国唐代的建筑风格。寺院不大，干净，素雅，感觉特别好。包括后面千佛塔院里的小院子，也是特别招人喜欢。

温岭博物馆
（李游指数 80.222）

温岭博物馆是近几年新建的，建筑外观别致，有设计感。内部空间宽大，布展也不错。一楼和二楼都是临时展，三楼是专题展，四楼是历史展。温岭在五百多年前的明朝开始单独设县，当时叫太平县。民国的时候，改为现在的名字，温岭县，取名来自

旁边的山名。博物馆介绍的信息，从地质和气候的变化讲起，说距今2万年前，海平面曾经比现在低136米，整个东海都是陆地。后来，距今1万年前的时候，海平面又比现在高20米，沿海平原大多都淹没在海水中。这种自然环境的变化，对人类社会发展影响巨大，值得我们重视。

另外，1984年的时候，在温岭一座小山上发现了一个青铜器，是距今3000多年的商代的，名叫青铜夔（kuí）纹蟠龙盘。造型真是特别，一条盘着的龙，昂着头，盘踞在青铜盘中间，很是少见。奇怪的是，考古人员在周边没有发现其他文物，只有这么一个惊人的青铜器孤零零地出现在那里。

黄岩博物馆
（李游指数83.767）

黄岩博物馆是近几年新建的，展厅宽敞，布展丰富。一楼是临时展，二楼是历史展和两个专题展，三楼是书画展。我只看了二楼的三个展厅。我一般不看书画展，因为实在看不懂。

今天在黄岩博物馆最大的收获，是看到了赵伯澐墓的文物。此人是赵匡胤的第七世孙，曾主修黄岩五洞桥（现浙江省重点文物保护单位）。他的父亲曾任台州府黄岩县丞。赵伯澐的墓是2016年5月份，村民建房挖地基时无意间发现的。据说连棺材都保存得非常完整。墓室的外围是砖，内层由石片砌成，石片与棺材之间用泥土混合砂子填实。棺材里面，最下面铺了5厘米厚的木炭，然后铺上被子。死者穿了8层衣服，还有50多件衣服，填塞在棺材内的其他地方。棺材的盖板与棺材采用榫卯结构闭合,并用松香封闭。尽管是这样严密封闭地埋葬在地下,但由于南方多雨水,经过800年的慢慢渗透,棺材内还是积满了水。幸亏中国丝绸博物馆的工作人员有经验,提醒考古人员,必须先把棺材里的水放掉再移动棺材,否则,在运输过程中摇摇晃晃,水会把衣服之类的文物破坏掉。

考古界的经验是:湿千年,干万年,忽湿忽干只半年。南方的古墓,密封在水下,文物可以保存一两千年。而在新疆等干燥地区,埋藏的文物也可以保存几千年。但是,如果是地下干湿有变化的环境,文物就很容易腐朽。总之,赵伯澐墓是一个难得完整发现并被妥善发掘的南宋古墓,800年前南宋上流社会成年男子的几十件服饰完整地呈现给我们,有些是丝绸制品,很是难得。

此博物馆还有关于灵石寺塔的知识。1987年考古人员在对该塔落架大修的时候,发现这个砖塔内部有一个1.6米高的小石塔。而且,整个塔中间是空的,每一层设有一个供奉佛像和摆放供养品的天宫,一共七层的砖塔,中间有16个天宫。这样的情况,很是少见。

台州市区

台州市的椒江区和路桥区基本都是平原,经济较为发达。可能是因为人口聚集度不够,所以,感觉有点空旷冷清,又因有大量工程施工,路上尘土飞扬,不太像我心目中的沿海城市。

台州市政府所在的椒江区，面积不大。东边是滨海平原，有足够发展空间。市政府周边，是台州的城市"客厅"，是这个城市最靓丽的地方。旁边有博物馆、图书馆、规划展示馆、文化馆、科技馆、海洋馆、青少年活动中心。在旁边的市民广场走走，赏心悦目。市中心的中轴线，呈东北西南走向，东北方向是白云山，下面是一大片绿地公园，西南方向是水景公园，穿过水景公园，是和合广场，广场后面是和合公园。中轴线两侧都是高楼大厦，西南方向底端，是体育中心。整个区域都是正南正北的井字形道路，但又巧妙地规划设计出这样一个倾斜的中轴线，恰好又背山面水，中间穿插着两个广场和两个公园，为两侧的高楼大厦留出了通风采光的空间和公共活动空间。这是我见过最好的城市中心的规划布局，深圳的市中心和这里有点类似，但还没有这个设计巧妙。

椒江戚继光祠（李游指数 81.004）

椒江戚继光祠是全国重点文物保护单位，也叫戚继光纪念馆。椒江区这个地方，过去叫海门，该建筑最早是明朝海门卫的城隍庙，现存建筑是清末重修的。绕照壁进去，过拱桥是大门，大门进去是院子，过水池上台阶是主厅，再后面是有戚继光雕塑的三开间大殿。

中间主厅左右各伸出一阁楼连接在一起，实用又好看，是一座三进式院落。

有意思的是，大门进入院子右边，有两个跪着的石人像，是汪精卫夫妇。查了一下网上资料显示，说抗战初期，当地人因为愤恨汪精卫叛国，就仿制岳飞墓前的秦桧跪像，制作了这一对汉奸夫妻的石像。五百多年前，戚继光曾经在此地驻守，他领导的抗倭战争屡战屡捷，老百姓都很感念。所以，后世将此城隍庙改为戚继光祠，把大汉奸汪精卫夫妇的跪像放在戚继光祠堂，虽然是相隔几百年的人物，但老百姓表达的意思是对的。

根据明史记载，倭寇当年在我国沿海犯下了滔天罪行，这是我们历史上的悲剧和耻辱，我们当永世不忘，绝不允许此类事情再发生。祠堂周边都是老房子。这里是台州市区最有历史感的地方。这里当年建立的是海门卫的卫城，卫比所大，都是军事防卫的驻地，当年这种卫所制度，是军民结合，平时开垦种地，战时就是军人，全部投入战斗。明朝的卫城，规模相当于县城，所的规模相当于乡镇。

温州市

温州市位于浙江省东南部沿海地区，南边是福建省，东边是大海，西边是丽水市，北边是台州市。面积约1.2万平方公里，多为山区，平原较少。温州市是地级市，下辖四区五县，即洞头区、龙湾区、瓯海区和市政府所在的鹿城区，永嘉县、文成县、泰顺县、苍南县、平阳县，代管三个县级市，即乐清市、龙港市、瑞安市。经济发展水平较高。温州市是很有名气的，一提到温州，我们就会想到这里的人很会做生意。

温州市总共有115个景点，我用了31天来参观游览。特别出色的景点并不多，除雁荡山以外，可能就是温州市区瓯江中的江心屿，还比较值得专程前来游览。江心屿，融自然景观、城市风光和人文历史于一体，极具美感和韵味。

中国少有的石棚墓，代表了商周时期温州的历史。楚国胜，越国亡，越国贵族只好南迁，并在其后形成西汉时期的东瓯国，是温州历史和文化的发展起点。温州简称瓯，源于瓯江之名。因南宋定都杭州，温州的经济跟着繁荣起来，海外贸易得到发展。龙泉青瓷，大多通过瓯江从温州港销往内地乃至全世界。同时，温州的永嘉学派，也诞生于这个时期。经世致用的永嘉学派思想，对温州和浙江省的影响很大。到了近代，英国逼迫战败的清政府签订不平等条约，将温州辟为通商口岸客观上让温州较早地接触到了西方文化。在这期间，科举不成的旧知识分子孙诒让，为强国在瑞安办西学，成为中国最早一批教授数学、物理、化学的地方，为后世诸多数学家的诞生，奠定了基础。

我对温州115个景点的排名如下：

1	2	3
江心屿	雁荡山景区	百丈漈景区
李游指数 92.933	李游指数 92.756	李游指数 90.600
温州市区	乐清市	文成县

4
中雁荡山景区
李游指数
88.902

乐清市

5
灵峰景区
李游指数
87.946

乐清市

6
灵岩景区
李游指数
86.704

乐清市

7
石桅岩景区
李游指数
86.133

永嘉县

8
净名谷景区
李游指数
85.770

乐清市

9
温州博物馆
李游指数
85.311

温州市区

10
三折瀑景区
李游指数
85.111

乐清市

11
大龙湫景区
李游指数
85.022

乐清市

12
刘基庙
李游指数
84.611

文成县

13
仙叠岩景区
李游指数
84.559

洞头区

14
温州城区
李游指数
84.407

温州市区

15
玉海楼
李游指数
84.334

瑞安市

16
羊角洞景区
李游指数
83.099

乐清市

17
圣井山石殿
李游指数
83.070

瑞安市

18
九山公园
李游指数
82.660

温州市区

19
林坑村
李游指数
82.204

永嘉县

20
显胜门景区
李游指数
81.770

乐清市

21
福德湾村
李游指数
81.663

苍南县

22
瑞安城区
李游指数
81.367

瑞安市

23
青山寺
李游指数
81.048

平阳县

24
望海楼
李游指数
81.024

洞头区

25
苍坡村
李游指数
80.941

永嘉县

26
玉苍山景区
李游指数
80.713

苍南县

27
瑞安博物馆
李游指数
80.564

瑞安市

28
崖下库景区
李游指数
80.305

永嘉县

29
碗窑村
李游指数
80.133

苍南县

30
玉岩包氏宗祠
李游指数
80.063

泰顺县

31
方洞景区
李游指数
80.060

乐清市

32
泰顺土楼
李游指数
80.060

泰顺县

33
景山公园
李游指数
79.949

温州市区

34
百丈瀑景区
李游指数
79.948

永嘉县

35
十二峰景区
李游指数
79.912

永嘉县

36
岩头村
李游指数
79.884

永嘉县

37
平阳城区
李游指数
79.879

平阳县

38
库村
李游指数
79.877

泰顺县

39
徐岙村
李游指数
79.844

泰顺县

40
数学名人馆
李游指数
79.840

温州市区

41
乌岩岭景区
李游指数
79.779

泰顺县

42
八卦桥
李游指数
79.639

瑞安市

43
廊桥文化园
李游指数
79.555

泰顺县

44
七瀑涧景区
李游指数
79.464

温州市区

45
渔寮景区
李游指数
79.299

苍南县

46
楠溪江景区
李游指数
79.108

永嘉县

47
狮子岩景区
李游指数
79.107

永嘉县

48
瓯海博物馆
李游指数
79.040

温州市区

49 花坦村 李游指数 78.947 永嘉县	**50** 高氏家族墓地 李游指数 78.861 乐清市	**51** 龙湾潭景区 李游指数 78.778 永嘉县
52 四连碓造纸作坊 李游指数 78.447 温州市区	**53** 芙蓉古村 李游指数 78.228 永嘉县	**54** 永嘉书院景区 李游指数 78.224 永嘉县
55 南麂岛 李游指数 78.190 平阳县	**56** 月亮湾沙滩 李游指数 78.126 苍南县	**57** 雪溪胡氏大院 李游指数 77.899 泰顺县
58 大罗山景区 李游指数 77.644 温州市区	**59** 真如寺石塔 李游指数 77.414 乐清市	**60** 永嘉县城 李游指数 77.220 永嘉县
61 仙岩景区 李游指数 76.442 温州市区	**62** 洞头城区 李游指数 76.331 洞头区	**63** 南雁荡山景区 李游指数 76.292 平阳县

64
乐清东塔
李游指数
76.226

乐清市

65
国安寺塔
李游指数
76.110

温州市区

66
南塘街
李游指数
76.008

温州市区

67
茶园坑村
李游指数
76.002

永嘉县

68
暨家寨村
李游指数
75.819

永嘉县

69
屿北村
李游指数
75.804

永嘉县

70
乐清城区
李游指数
75.114

乐清市

71
乐清博物馆
李游指数
74.834

乐清市

72
永昌堡
李游指数
74.661

温州市区

73
观音寺石塔
李游指数
74.289

瑞安市

74
西湾景区
李游指数
74.227

平阳县

75
蒲壮所城
李游指数
74.118

苍南县

76
护法寺桥和塔
李游指数
73.822

苍南县

77
叶适墓
李游指数
73.660

温州市区

78
埭头古村
李游指数
73.117

永嘉县

79
雁荡山博物馆
李游指数
72.446

乐清市

80
氡泉景区
李游指数
72.333

泰顺县

81
五马街
李游指数
72.333

温州市区

82
雁湖景区
李游指数
71.908

乐清市

83
寨寮溪景区
李游指数
71.443

瑞安市

84
陶公洞
李游指数
71.007

永嘉县

85
顺溪古建筑群
李游指数
70.473

平阳县

86
泰顺县城
李游指数
70.445

泰顺县

87
花岩森林公园
李游指数
70.402

瑞安市

88
南戏博物馆
李游指数
70.115

温州市区

89
华盖山公园
李游指数
70.077

温州市区

90
南阁牌楼群
李游指数
70.031

乐清市

91
四海山景区
李游指数
70.013

永嘉县

92
茗岙梯田
李游指数
70.001

永嘉县

93
楠溪江宗祠建筑群
李游指数
69.552

永嘉县

94
利济医学堂旧址

李游指数
69.216

瑞安市

95
红十三军军部旧址

李游指数
69.202

永嘉县

96
仕水矴步

李游指数
68.779

泰顺县

97
赤溪五洞桥

李游指数
68.521

苍南县

98
曹湾山遗址

李游指数
67.881

温州市区

99
龙港城区

李游指数
67.846

龙港市

100
文成博物馆

李游指数
67.747

文成县

101
苍南博物馆

李游指数
67.663

苍南县

102
坦头窑遗址

李游指数
66.220

永嘉县

103
栖真寺五佛塔

李游指数
63.809

平阳县

104
刘基墓

李游指数
63.310

文成县

105
铜铃山景区

李游指数
62.002

文成县

106
太平岩景区

李游指数
61.661

永嘉县

107
石门台景区

李游指数
61.099

永嘉县

108
桐溪景区

李游指数
60.877

瑞安市

109
挺进师陈列馆
李游指数
60.335

平阳县

110
苍南县城
李游指数
60.140

苍南县

111
文成县城
李游指数
60.124

文成县

112
棋盘山石棚墓
李游指数
51.448

瑞安市

113
浙南石棚墓群
李游指数
47.889

平阳县

114
泰顺博物馆
李游指数
46.336

泰顺县

115
平阳博物馆
李游指数
43.319

平阳县

雁荡山景区（李游指数 92.756）

雁荡山是一个景区群，范围很大，按照其官方定义，包括了三个县的不同地域：温岭市的方山和长屿硐天，乐清市的雁荡山，永嘉县的楠溪江。

乐清市雁荡镇附近的景区群，算是雁荡山的核心景点。这里也叫北雁荡山，包括10个景点：灵峰、灵岩、大龙湫、三折瀑、净名谷、方洞、雁湖、显胜门、仙桥、羊角洞。除了仙桥景区我没有前往，其他9个景区我都去过了。其中，前6个景区相距不远，都在同一个山谷里。

　　这10个景区都是单独收费的，门票都不贵。好像也有联票，在游客中心购买。就我的游览感受，还是认可景区官方的观点，"二灵一龙"是最好的，也就是灵峰、灵岩、大龙湫。另外，我个人觉得，最漂亮的地方其实是景区外面的山谷通道，地图上叫白芙线的公路。从响岭头村到上灵岩村这一段路，也就是从游客中心到大龙湫方向没有过隧道之前的这段路，景色特别美。我觉得比景区里面都好看。这段路，适合随意走走，或者骑自行车观光。这里的景色，是整个雁荡山景区群里最漂亮的地方。这一段山谷，也是整个浙江省山峰类景观中最好看的。山谷里有四个地方，景观特别好看。第一处是朝阳峰，早上阳光从正面照射在山崖上，特别美；第二处是白芙线公路净名谷（森林公园）景区入口方向的公路边。第三处是第二处再向前五百米的公路转弯处，特别漂亮。第四处是从方洞景区下面的公路一直到进入隧道之前。在这里看方洞景区所在的大型岩面和南侧的观音峰，真是美极了。观音峰从不同的角度看，是不同的造型，十分别致。

中雁荡山景区
（李游指数 88.902）

　　中雁荡山的核心景区是玉甑峰。这里适合喜欢爬山的游客，从南北两侧都有入口可以爬山。北侧入口在山腰，爬山的路程应该相对较短。南侧的入口在西漈村，这里也有索道可以上下山。门票30元，索道往返70元，价格实惠，游览时间大概需要三个小时。我那几天爬山太多，膝盖疼，只能乘坐索道上下。索道上到山腰，再爬半个小时的山路，就到了山顶最高处。这里视线特别好，四周风光尽收眼底。东边近处是三个水库形成的湖，远处是大海乐清湾，西边、南边和北边都是群山。南边的群山最美，层次分明，看不到尽头，给人一种无穷无尽的感觉。

石桅岩景区（李游指数 86.133）

　　石桅岩景区门票 50 元，游览时间大概两个小时。从东门进入景区前，就可以看到景区的标志景观，一个两百多米高的挺立的山峰。旁边的小河水流清澈，景色特别美。进入景区，沿着河边的平路走二十分钟，拐个弯就到了渡口。前面是一小段峡谷，因水流冲击形成了水潭，紧贴着两侧的岩石，所以，无法沿着峡谷继续走，要么坐渡船过去，要么爬台阶上到山腰。峡谷中的绿水清亮亮的，很漂亮。山腰处有一个亭子，是个观光和休闲的好地方。从山腰再下台阶，就到了峡谷底部一个比较宽阔的平谷，从这里回看刚才爬山绕过的峡谷，景色美不胜收，底下是碧绿的清水，两侧山峰陡立，远处几座山峰造型各异。这里应该就是整个楠溪江所有景区中最美的一处。

林坑村（李游指数 82.204）

百度地图上标识的岩坦溪景区，就位于林坑村。村里大概有四五十户人家，沿着"Y"形小溪两岸修建了房子。周边是大山，大多农户都开办了农家乐，看着生意还不错。游客不多不少，感觉特别好。

现在很多古村落都有一个共同的问题，就是老房子破旧。也许因为年轻人不愿意住了，所以，很多房子都空了，也破败了。像这个村子就很有人气，有烟火气，生命力十足。

百丈漈景区（李游指数 90.600）

门票65元，景交车6元，全程游览需要两三个小时。

漈（jì）是瀑布的意思，这是一个有峡谷和瀑布的景区。北门是景区的主入口，车停在这里，买票后乘坐景交车，走十几分钟的盘山路，下到峡谷中的南门。从南门进入，顺着峡谷的小溪向里走，很快就可以看到一个不高、较宽的瀑布，应该是三漈。继续沿着峡谷中的平路走，很多路离水面很近，感觉很不错。半个小时后就来到了景区中央，可以看到由二漈和一漈组成的三个台阶式的瀑布，非常漂亮。坐在这里，晒着冬日暖阳，听着景区播放的音乐，真是享受啊。在这个地方欣赏风景是最好的，既能看到瀑布的全景，又因距离瀑布较远，没那么大的噪音。之后，就是沿台阶路爬山上去，到一漈下面欣赏瀑布，然后再继续爬山，走一段很长的台阶路，一直到最上面。总共需要爬升约300米高，大概需要一个小时，很累。景区正在建电梯，以后应该不用再爬山了。一漈瀑布高约200米，二漈也有近百米高。虽然是冬天，水流也不小。如果是夏天，水流应该会更大更震撼。

刘基庙（李游指数84.611）

刘基庙是全国重点文物保护单位。刘基，字伯温，谥号文成，元末明初人，这里是他的老家。刘基因其辅佐朱元璋成就明朝的伟业，在历史上很有名气。他在丽水和温州一带很有影响力，几百年来一直备受推崇。在1948年，当时的国民政府将新设的县，命名为文成县。

刘基庙始建于1458年，是一个四进的院落。里面有很多牌匾，写着千秋景仰、通天地人、开国太师、三不朽伟人等赞美的话。

青山寺（李游指数 81.048）

晨钟暮鼓，是一般寺院的标配，但青山寺的钟楼和鼓楼，却采用了类似北京天坛的建筑风格。另外，这个寺院的镀金观音菩萨造像，在顶上加了一个圆形的天盖，天盖上有蓝天白云的彩绘，既为塑像提供了保护，又有华盖一样的装饰效果。设计巧妙，很是少见。寺院可能因空间不够，或者为了保持视线的通透，没有采用一般寺院的建筑形式建造天王殿，而是用露天石雕塑来营造布局。中间一个弥勒佛，两侧四大天王肃立。寺院的大雄宝殿和其他建筑，也都因地势而建，气势雄伟，看着也舒服。这些融合了各种风格的建筑，集合在一个面积并不大的寺院内，并不让人觉得突兀，而是让人觉得很有新意，实属难得。站在正门里面的平台处，可以鸟瞰整个鳌江镇和龙港市的风光，好看极了。

玉海楼（李游指数 84.334）

玉海楼是全国重点文物保护单位。这是清末本地一个大户人家的私宅。东侧是藏书楼，前后两进两层的木结构院楼，中间是一个小院，西侧是主人的起居处，前后三进带后花园。院落宽敞明亮，布局规整合理，看着很舒适。

孙祖铎（duó），是清朝中期

瑞安农村一个家境稍好的农民，耕读传家，全心支持儿子孙希曾的读书事业。和大部分人一样，孙希曾的科举之路失败了，未曾获得功名。但他没有放弃，自己不行，就寄希望于儿子。结果两个儿子都很争气，高中进士，官运亨通，而且都很长寿。大儿子孙衣言活了80岁，二儿子孙锵鸣活了84岁。孙诒（yí）让，是孙衣言的儿子。生活在这样的家庭，孙诒让有很好的读书条件和人脉资源。可是，他从20岁考中举人后，没能继续考取功名。到47岁的时候，终于放弃科举。虽然，此时他已完成著作《墨子间诂》，即将完成《周礼正义》，却无法考中一个进士。

孙诒让在瑞安当地，甚至在温州和浙江，都是著名的学者，被誉为清末第一大儒。纪念馆展示的信息提到，1908年孙诒让去世时，温州六县举行联合公祭，浙江省各校停课致哀，凭吊者八千余人。说明他在温州及浙江的知识分子中有重大影响力。

玉海楼，是孙家藏书楼的名字。因孙衣言敬仰先他600多年前的南宋宁波人王应麟，便选择其图书分类著作《玉海》用作自己藏书楼的名字。

圣井山石殿（李游指数83.070）

圣井山石殿是全国重点文物保护单位。今天气温升高，雾霾严重，空气质量极差，视线很不好，因此，登高却不能望远。石殿在山顶上，从海拔几十米升高到700

多米，需要开车走半个小时的盘山公路。山上温度比山下低四五度。

车停在村口的停车场，开始爬台阶，总共需要约1500个台阶，半个小时后才到了山顶。门票15元，倒是便宜。神奇的是，在山顶有一个小井，类似泉眼，一直有清澈的水，好像有几百年历史了，故名圣井。井眼在石殿里面第二个大厅的供台下面。

这个石殿始建于南宋，现存建筑是明清时期修建的。我看到第一个大厅屋顶横梁下面的字，写的是光绪丙申年（1896年）重建。建筑包括最前面的山门，牌坊，前殿和后殿，还有两侧的厢房。房子的所有部分都是用石头建造的，仿木结构，但比一般建筑的高度低很多，屋檐高度大概只有两米。所以，进入室内会觉得很压抑。有意思的是，两侧厢房里面既供奉了神仙，也住满了香客和村民。这是一个道教的庙宇，最早供奉的是道教神仙许真君，所以，前殿门头上写的是"许府圣庙"。应该在当地比较受认可，老百姓觉得灵验，所以，有很多人来烧香祈福。

神奇的井、神仙的故事、特别的石殿，构成了一个别有趣味的景点。

仙叠岩景区（李游指数84.559）

门票50元，价格合理，包括三个景点：海滨浴场、沿海栈道、仙叠岩。全程游览大概需要两三个小时。海滨浴场不怎么好，沙子很少，主要是土豆大的鹅卵石和淤泥，海水呈灰青色，看起来不太干净。沙滩

很小，大概只有一百多米长。沿海边山脚下修建的悬空栈道不错，两公里长，可以走走，看看奇形怪状的岩石，听听海浪声，吹吹海风。最惊艳的是仙叠岩，这里的景色美极了。从景区进来，右转几分钟就到了。这里是海边的山顶，下面是一百多米高的悬崖峭壁，岩石耸立，奇形怪状。边上有个小庙，叫仙岩大士庙。站在庙旁边的一块岩石上，视线最好。北边是洞头城区的建筑和山，可以看到两个塔和望海楼，山坡上建了各种房子。西边是大海和桥，还有停在海上的小船。南边是一望无际的大海和近处的几个小岛。东侧是山区和海边的岩石，沿海栈道，还有海洋养殖场，景色美极了。

温州市区

温州经济发达，但是城市建设一般。已建成的城区面积大概300平方公里，主体是沿着瓯江南岸，成东西长条形走向。最早的老城区，大概是由望江东路、环城东路、人民路、九山路合围起来的区域，就是今天鹿城区政府所在的周边地区。之后，城市先向东发展，然后，再向四周扩散。温州市政府所在周边地区，是城市形象最好的地方。要说热闹繁华，还是老城区。总体来说，感觉温州的城市建设比较随意，不像认真规划和引导的结果。

温州城区有多个公园，公园里的小山不大，但让人愿意亲近，很受市民喜欢。瓯江南侧的瓯江路（望江东路），感觉特别好，在这里既可以看到瓯江两侧的风光，还能远眺江心屿的双塔，江北的大山，江上的桥。晴天能够欣赏朝阳和晚霞，下雨后云雾缭绕，增添了些许仙气，又是另一种美。

永昌堡（李游指数 74.661）

永昌堡是全国重点文物保护单位。建于明朝时期，1558 年，是当地人民为了抗倭修建的自发修建的城防系统，包括城墙、城门、内河等。城墙大部分得以保留，城内有几处老建筑，也是全国重点文物保护单位的一部分。永昌堡的规模类似一个古镇，也有点像明朝官方修建的抗倭机构中的所城。

都堂第是王诤的故居，建筑布局独特，宅内前后院都有女儿墙，把中间与两侧的厢房隔开，较为巧妙，符合古人含蓄内敛的风格。院子的配色很舒服，灰色的砖墙和石板砌成的院子，有点像北方的院落。王诤是进士出身，为官清正廉明，在当时颇有口碑。他在山西省任巡盐官时，正赶上大旱，民不聊生，王诤带领百姓向上天祈雨。这在古代，是很"正经"的大事，是官方民间都认可的做法，倒没什么奇怪的。让我印象深刻的是，王诤写的祈雨文，文末几乎是以威胁的口气要求天上的诸神赶紧下雨，如果五天内再不降雨，我就要怎样怎样惩治你们了。真是胆大包天啊！当然，这个"胆大"，不是无知者无畏，而是正义使然，让我很敬佩。在几百前那样的封建迷信的社会氛围下，他居然能够以如此的勇气去"理直气壮"地要求上天降雨，应该是一心为了百姓苍生。

江心屿（李游指数 92.933）

江心屿位于温州市区北边的瓯江中，最早只有东塔和西塔所在的两座石头形成的江中小岛。1137年，一位叫青了的僧人填平了东西两岛中间的地方，叫中川。并在此建了一座寺院，名为中川寺，即现在的江心寺。由此形成了两塔一寺的格局，这就是江心屿的核心景区。近几十年，通过清淤围堤，又增加了很大面积的岛屿，使江心屿比原来大了很多，向北向西大大扩展。特别是向西，一直扩展到东瓯大桥下面，从桥上可以走公路下来。西边新扩展的区域叫西园，主要修建了一些游乐设施，目前正在施工改造。

从望江路码头购票，即可坐船到江心屿景区。船是每40分钟一班，船票30元，含往返，景区内没有其他收费景点。两塔一寺，就在登岛码头旁边，距离很近。

东塔位于岛上东边一个10米高的小山顶。始建于一千多年前，1141年南宋时期重建，后世多有修缮。六面七级，砖木结构，26米高。1894年，被英国驻温州领事馆要求拆除了塔的屋檐和塔顶，所以，现在的塔看起来呈残缺状。塔顶上长了两棵树。塔内中空，下面有个栅栏门锁着，可以探头进去看一眼。东塔山脚下，就是英国驻温州领事馆旧址，全国重点文物保护单位。领事馆是一座三层砖木结构、中西结合的楼房，民国时期很多建筑都有这种风格，应该也是模仿和参照了清末西方在中国的建筑，还挺好看的。还有一个巡捕房，二层砖木结构的楼房，风格和领事馆类似。

领事馆旁边还有革命烈士纪念馆、革命纪念馆、西塔、江心寺、文天祥祠、浩然楼、谢公亭、澄鲜阁等景点。文天祥的一句"人生自古谁无死，留取丹心照汗青"，足以让他流芳百世。这句话，已经刻在了中华民族的精神基因里。

江心屿上还有一些古树，其中有一棵树龄1300年的樟树，一棵树龄500年的榕树，真是少见。在岛上，可以欣赏到瓯江两岸的风景，还有远处的大山。瓯江北岸属于永嘉县，南岸是温州市区。总之，江心屿给我留下了非常美好的印象。

数学名人馆（李游指数 79.840）

南塘街旁边有一个迁建的古代建筑风格的小院，叫谷宅，是数学家谷超豪的旧居，现在改为温州数学名人馆。小院共两进五间，里面有很多关于温州著名数学家的介绍。

我在瑞安参观玉海楼的时候，还不明白为什么温州人会给孙诒让那么高规格的葬礼，参观了这里之后就懂了。

孙诒让是清末的知识分子，没有做官，除了专心于学术之外，其实也在思考怎样报国，怎样让国家变强。他认为想要强国，就要学习西方人的知识，特别是数学。所以，他号召和支持当地年轻人去国外留学，并特别强调数学的重要性。他于1895年在瑞安创办了中国最早一批的数学专科学校——瑞安学计馆，为温州地区培养了最早一批的数学老师。这些老师中的优秀代表，又教导出了像苏步青一样的数学家。谷超豪夫妇都是苏步青的学生，也都是中国科学院院士。这应该就是孙诒让值得当地人永远尊敬的原因吧。在那个年代，他就能认识到数学的重要性，实属难得。

温州博物馆（李游指数 85.311）

温州博物馆在温州市政府对面的广场边上，是一栋三层的独立建筑，没有停车场。一层用来办公，二层是历史展和主题展，三层是自然馆和临时展。

历史展做得不错，虽然我已基本看过了温州的每一个人文历史景点，但该展馆仍然让我饶有兴趣地看了两个小时。前言里提到了两个温州历史

上的两个亮点，一个是东瓯国，一个是永嘉学派。前者是温州有行政历史的开始，后者是温州在中国思想史上浓墨重彩的一笔。魏晋南北朝几百年，做过温州地方行政负责人的官员有35位，温州人认为，对他们最重要的是谢灵运和王羲之。二楼三个主题馆，分别是关于书画、瓷器、工艺的展出。

书画馆和三楼的临时展，都以"碧天芳草"主题，因李叔同曾在温州生活过12年，所以，展示了李叔同相关的内容。在浙江多地都看过对李叔同的介绍，说明他在浙江地区颇有名望，我一直不明白这是为什么。看完这些展出，我大概明白了。李叔同多才多艺，在音乐、美术、话剧等方面都很有成就。他在杭州当老师时教过的学生包括中国现代漫画的鼻祖丰子恺，中国美术学院院长的潘天寿，编写民国时期音乐教材的音乐教育家刘质平等人。他和中国现代思想家马一浮也是朋友。39岁时，他在杭州虎跑寺出家，后来成为南山律宗第十一代祖师，法号弘一大师。

临时展中有一个主题展，围绕一部漫画丛书《护生画集》，介绍了丰子恺与李叔同延续几十年的师生情，非常感人。

介绍瓷器的展厅在改造，暂时关闭。介绍工艺的展馆，以白象塔为主题。1965年，因塔身破裂，考古人员将这座800多年的北宋砖塔拆除，发掘出大量文物。这是我第一次亲眼看到舍利，是米粒大小的白色颗粒。

三楼的自然馆，我感觉设计得不太好，有点像动物标本馆了。

湖州市

湖州市，位于浙江省北部的三省交界处，北边是江苏省和太湖，西边是安徽省，南边是杭州市，东边是嘉兴市。面积近6000平方公里，南部和西部是山区，北部和东部是平原。湖州市是地级市，下辖两区三县：南浔区和市政府所在的吴兴区，长兴县、安吉县、德清县，经济较为发达。

湖州市共有71个景点，人文历史和自然风光各占一半，我用了22天来游览和感受。安吉县有战国时期的八亩墩墓和古城，湖州市中心有楚国春申君所建的下菰城，还有与项羽起兵反秦相关的遗迹，莫干山上的名人别墅和南浔古镇里的富豪，都值得一探究竟。北宋时期的教育家胡瑗也埋藏在湖州。南朝陈国开国皇帝陈霸先出生于湖州。湖州也有一些考古遗址，可能有些游客会对它们不感兴趣。

莫干山的人文历史多，湖州的自然风光都在长兴县和安吉县的山区里。这里没有高山大河，但有很多静谧秀丽的景区，而且都在村子旁边，能为游客提供各种档次的农家乐、民宿和度假区，适合家庭游玩。山水之间，常能看到一些很有设计感的现代建筑，让人眼前一亮。长兴县的八都岕景区让我印象深刻，秋天来这里欣赏山谷中的十里银杏，一定是美极了。法华寺也是一个值得一看的景点。太湖的龙之梦乐园是一个新建的超大型景区，包括动物园、水上乐园、古镇、马戏表演等，现在还在建设中，期待它能像广州长隆一样精彩。

我对湖州71个景点的排名如下：

1
法华寺

李游指数
90.644

吴兴区

2
南浔古镇

李游指数
89.965

南浔区

3
八都岕景区

李游指数
89.227

长兴县

4
飞英塔

李游指数
88.944

吴兴区

5
长兴县城

李游指数
87.999

长兴县

6
安吉浙江自然博物馆

李游指数
87.661

安吉县

7
太湖龙之梦乐园

李游指数
86.504

长兴县

8
长兴太湖博物馆

李游指数
86.233

长兴县

9
莫干山景区

李游指数
84.620

德清县

10
黄杜村

李游指数
84.177

安吉县

11
湖州城区

李游指数
83.799

吴兴区

12
德清县城

李游指数
82.627

德清县

13
金钉子地质博物馆

李游指数
82.460

长兴县

14
安吉县博物馆

李游指数
82.109

安吉县

15
藏龙百瀑景区

李游指数
80.997

安吉县

16
湖州子城城墙遗址

李游指数
80.854

吴兴区

17
莫干山景区周边

李游指数
80.774

德清县

18
安吉县城

李游指数
80.746

安吉县

19
大唐贡茶院

李游指数
80.723

长兴县

20
江南天池景区

李游指数
80.661

安吉县

21
铁佛寺

李游指数
80.448

吴兴区

22
赵孟頫故居

李游指数
80.444

吴兴区

23
安吉永安寺塔

李游指数
80.200

安吉县

24
Hello kitty乐园

李游指数
80.060

安吉县

25
余村

李游指数
80.051

安吉县

26
胡瑗墓

李游指数
79.616

吴兴区

27
七里亭遗址

李游指数
79.588

长兴县

28
德清原始瓷窑址

李游指数
79.550

德清县

29
太湖旅游度假区

李游指数
79.333

吴兴区

30
昆山遗址

李游指数
79.121

吴兴区

31
钱山漾遗址

李游指数
78.675

吴兴区

32
陈英士墓

李游指数
78.632

吴兴区

33
历史文化街区

李游指数
78.557

吴兴区

34
灵峰山景区

李游指数
78.131

安吉县

35
仁皇山

李游指数
77.414

吴兴区

36
城山沟景区

李游指数
76.999

长兴县

37
中国竹子博览园

李游指数
76.590

安吉县

38
万寿寺

李游指数
76.543

吴兴区

39
安吉古城考古遗址公园

李游指数
76.488

安吉县

40
太湖溇港

李游指数
74.141

吴兴区

41
仙山湖景区

李游指数
73.717

长兴县

42
双林三桥

李游指数
73.214

南浔区

43
赵孟頫墓

李游指数
73.104

德清县

44
湖州博物馆

李游指数
73.030

吴兴区

45
上马坎遗址

李游指数
72.984

安吉县

46
新市古镇
李游指数
72.834

德清县

47
南浔城区
李游指数
72.601

南浔区

48
云上草原景区
李游指数
72.101

安吉县

49
中南百草园
李游指数
72.001

安吉县

50
新四军苏浙军区纪念馆
李游指数
71.831

长兴县

51
安城城墙
李游指数
71.664

安吉县

52
浙北大峡谷景区
李游指数
71.383

安吉县

53
下菰城遗址
李游指数
71.344

吴兴区

54
潘公桥
李游指数
71.007

吴兴区

55
纯阳宫
李游指数
70.999

吴兴区

56
谢安墓
李游指数
70.884

长兴县

57
下渚湖湿地景区
李游指数
70.150

德清县

58
陈武帝故宫
李游指数
69.555

长兴县

59
德清博物馆
李游指数
68.177

德清县

60
中国扬子鳄村
李游指数
67.889

长兴县

61
府庙

李游指数
67.878

吴兴区

62
寿昌桥

李游指数
67.331

德清县

63
潮音桥

李游指数
67.250

吴兴区

64
太湖图影湿地景区

李游指数
66.733

长兴县

65
荻港古镇

李游指数
64.228

南浔区

66
项王公园

李游指数
62.848

吴兴区

67
中国湖笔博物馆

李游指数
61.778

吴兴区

68
湖州影视城景区

李游指数
61.088

吴兴区

69
安吉大竹海景区

李游指数
58.122

安吉县

70
道场山祈年题记

李游指数
54.717

吴兴区

71
潘孝墓

李游指数
51.229

吴兴区

金钉子地质博物馆（李游指数 82.460）

目前，中国共有 11 个金钉子，其中，贵州省 1 个，湖北省 2 个，湖南省 2 个，广西壮族自治区 2 个，浙江省 4 个。浙江省的 4 个金钉子分别是：中国最早的金钉子，位于常山县的黄泥塘，我之前去参观过；还有一个，位于江山市；另外两个，都在今天这个地方，位于长兴县煤山镇。

"金钉子"是地质学专业术语的俗称，它的科学含义是，全球年代地层单位界线层型剖面和点位。通俗地说，金钉子是用来表述地质的时间段，类似于我们用唐朝来表述中国历史上公元 618 年到 907 年这个时间段，而长兴金钉子，就是用来表述地质历史上距今大约 2.54 亿年到 2.52 亿年这个时间段的。

金钉子是由国际地层委员会与国际地球科学联合会，组织全球相关专家一起评审确认的，具有国际公认的唯一性。因此，金钉子的获得，是一项全球性的崇高科学荣誉，也代表了一个国家地层学的研究水平。中国科学院下属的南京地质古生物研究所，对我国获得 11 个金钉子做出的贡献最多。令人欣喜的是，在目前全球总共不到 70 个的金钉子中，我们中国拥有 11 个，位居第一，意大利、英国、美国都排在我们后面。

从宇宙到地球，从地质到生命，从金钉子到古生物化石，博物馆都做了详细的展示。博物馆后面的岩石，直观地展现了地质运动和地层。这个博物馆的门票是70元，对于一个科普类博物馆，定这样的门票价格，让人觉得很不合理。

八都岕景区（李游指数89.227）

八都（dū）岕（kǎ）景区，也叫十里古银杏长廊景区。两侧是不高的山，中间是一条几百米宽、十几公里长的山谷，山谷中间有条小溪，景区内也有水库。3万多棵银杏树散落在整个山谷，其中，有3000多棵是百年以上的古树，最老的一棵银杏树的树龄已有1300年。

虽然现在银杏树都光秃秃的，但行走期间，能想象出深秋满树金黄时的美景。一条公路沿着山谷穿行，公路平坦干净，两侧散落着村民的房屋还有一些别墅。别墅各式各样，非常漂亮，看得人眼馋。景区附近的农家乐、民宿和酒店很多，住宿条件不错，秋天旺季的时候，游客应该非常多。现在这个季节，因为没有漂亮的银杏叶，游人极少，但因为人少安静，随意走走，看看路边的小房子，我觉得已经很享受了。景区里的银杏山庄是一个新建的中型酒店，旁边有一个仿古街，可以看看。

太湖龙之梦乐园（李游指数 86.504）

　　太湖龙之梦乐园是一个人造景区，新建的，规模极大。2016年由上海长峰集团开始打造，总投资 200 多亿，位置在图影湿地南侧，占地上万亩。目前还没有完全建好。

　　最东侧有一个五星级的钻石酒店，外观很漂亮，背山面水，位置极佳。酒店大堂设计得一般，从电梯和一楼卫生间等细节可以判断酒店的内部装修有点粗糙。惹人注目的，是在酒店室外中庭里圈养了四只老虎。酒店裙楼，有两个独立的建筑，一个是演艺中心，一个是超大的宴会中心。演艺中心每晚 7 点会有一个叫"梦幻钻石"的歌舞秀，票价 118 元，但我觉得一般，可以不用去看。

　　景区的中间部分是太湖古镇，一个新建的仿古商业街，规模庞大。地下是停车场，地面以上的建筑高达五六层，都是钢筋混凝土结构，外观采用中式仿古风格。三五百米长的商业街有五六条，纵横交错。中间交汇处，建了一个道教的三清观，一个佛教的卧龙寺，还有一个儒家的孔庙。中心位置，还建有一个六面十一层的万佛塔。花 30 元买票可乘电梯到塔顶，鸟瞰周边，视线极好。北侧的图影湿地景区尽收眼底，古镇南侧与公路之间，是一个人造的小湖，晚上有音乐喷泉和烟花表演。古镇南侧，有两栋超级大的酒店。

　　最西侧的地方是动物园，门票 190 元，自驾车加收 300 元。我觉得没必要自驾车进去，因为乘坐景区内的小火车走的路线和自驾是一样的。而且自驾只能在动物园北边区域玩，南边还是需要步行或者乘坐景交车。动物园很大，动物品种和数量都挺多的。动物园旁边也有一个超级大的酒店，叫动物世界酒店。

　　动物园旁边有一个嬉水世界，是夏天玩水的娱乐项目，因为现在是冬天，没有营业。旁边在建过山车等项目,是一个游乐场。这里还有一个超大的马戏城,可容纳一万名观众。场馆已建好,但还没有开始演出。这是一个在空旷的荒野上新建的景区,给我感受是,规模真大呀。比如这里的每一个酒店,都很大,都是一栋拥有超级多客房的酒店大楼,而这样的酒店大楼,居然有11栋。据说,总共有2万间客房。

看得出来,这个景区应该是参考和学习了广州长隆景区的很多做法。我2018年春节陪家人去广州过年,在长隆景区游玩的时候还感慨,长三角这么发达的地区怎么不建一个这样的景区呀。没想到,太湖南岸已经在建了。只是,我今天在景区内多个地方都能明显感受到,这里比起长隆来,还有很大的差距。

安吉浙江自然博物馆
（李游指数 87.661）

安吉县城郊区有一个浙江自然博物馆。内部的空间布局设计合理,中庭是一个大的露天花园,四周采用倒"U"形围合结构,沿着中庭四周,布置了6个展馆,分别是地质馆、贝林馆、海洋馆、自然艺术馆、恐龙馆、生态馆。展品丰富,布展科学,环境舒适,是一个适合带孩子参观的地方。

余村（李游指数 80.051）

2005年8月，时任浙江省委书记的习近平在余村考察时，提出了"绿水青山就是金山银山"，也就是现在被称为"两山"理论的那句话。余村，经过十多年的不懈治理，从当年一个脏乱差的普通村庄，变为环境美、群众富、社会好的美丽新乡村。2020年3月，习近平总书记再次来余村考察，并肯定了余村的美好发展。不仅余村，整个浙江省在过去的十多年里，都一直在践行"两山"理论，特别是浙江的农村，确实建设得非常好。

安吉白茶非常著名。整个安吉及周边地区都盛产安吉白茶，而溪龙乡，更是其中的核心产区。黄杜村，又是核心产区中的核心村。来到这里，随处都能感受到茶文化。沿途有很多茶园和茶厂，好像家家户户都有茶园，

黄杜村
（李游指数 84.177）

村村寨寨都有茶厂。周边山上全是茶田，景色美极了。虽然我不喝茶，但我特别喜欢看山坡上那一缕一缕的茶树形成的绿纹，有大树点缀其间，有的旁边还有竹林，景色美极了。

从新闻上看到，黄杜村还帮扶贵州等地的 4 个贫困村，把这里的茶苗捐赠过去，指导当地人民种茶，提供技术支持和茶叶收购，带领这些贫困村一起致富。真好。

安吉县博物馆（李游指数 82.109）

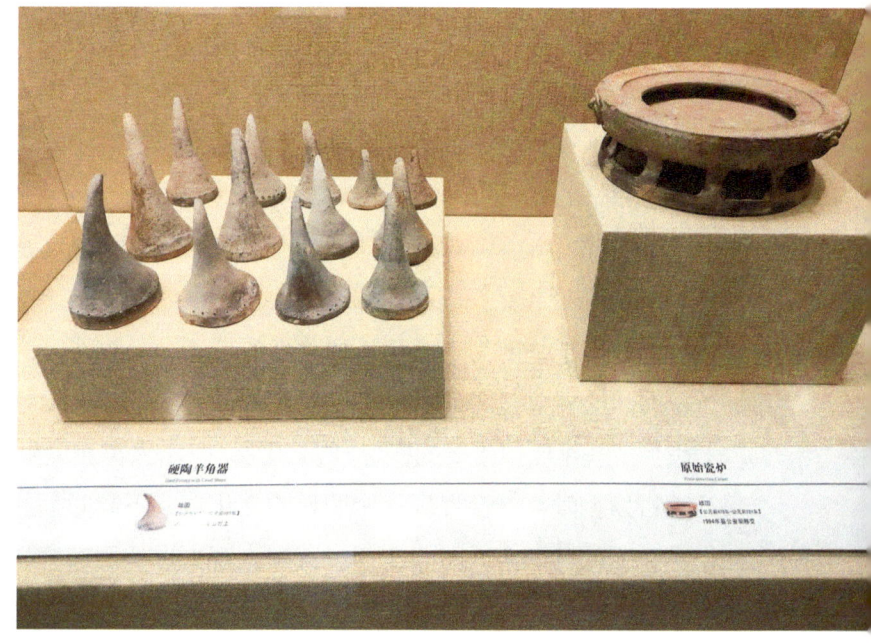

安吉县博物馆位于天目中路与东庄路交叉口，是一栋风格庄重大气的建筑。馆内包括四个部分，生态展示厅、历史展示厅、铜镜主题厅、临时展。生态展示厅占了博物馆中间最大的一个空间，但并没有什么实际内容。临时展厅是当地的书画展。铜镜厅，以安吉本地考古发掘的，春秋战国到秦汉时期的古墓里出土的大量铜镜为展品，介绍了铜镜的背部花纹和分类。进门左手边是历史展厅。安吉县博物馆历史展厅的内容有点特别。一般博物馆的历史展，都是从本地最早发现的考古文物讲起，一直讲到中华人民共和国成立之前的历史，有的会一直介绍到最近几年的情况。而安吉的历史展，只讲到汉朝就结束了，后面的历史时期都没有讲。这是一个挺有意思的特点，应该与当地发掘的文物相关。

我们国家有很好的文物保护理念，以保护为主，原则上不进行主动发掘。因此，我们可以看到，国内大部分的考古发掘都是被动的，要么是因为文物被盗被毁，要么是因为工程建设，不得不进行考古发掘。自改革开放之后，特别是进入21世纪以来，中国的城市建设和交通建设进入快速发展时期，房地产开发、建工厂、建水库、建道路、修地铁、建高铁、建机场、建学校，等等。大家可以留意一下，一般我们修建道路的时候，都会在原来的地表上再垫一层土方。我想，这可能是人类的一种生存经验，为了排水方便，总要让住的地方再高一点。在农村生活过的人，应该更有体会。我们在老家盖房子的时候，地基一般都会再垫高一点。你翻新房的时候，会把原来的地基垫高20厘米或者半米，邻居翻建新房的时候，也会再垫高20厘米或者半米。几十年下来，全村人几乎都翻新了房子，不知不觉，全村的地表就比原来高了不少。

也许正是因为人类生活居住地的地表，一直在升高，考古发掘才让我们有机会看到过去几百年甚至几千年几万年的人类生活遗迹。这也是考古发掘上一个比较重要的概念，叫文化层。一个人类连续生活过几千年的地方，考古发掘时，就会发现一个明显的文化层，不同时期的文化层，会通过地层叠压的剖面方式呈现出来，特别直观，也特别有意思，我就很喜欢看这种叠压的文化层剖面。

安吉县和其他地方一样，因为城市建设、道路建设、水库建设等工程，意外地发现了很多文物。这才让世人知道，在距今2500年左右到距今1500年左右，安吉有过非常重要和辉煌的历史。这就是今天安吉博物馆的历史陈列展厅给我们讲述的故事。

莫干山景区（李游指数 84.620）

莫干山景区门票 115 元，乘坐景交车走盘山路大概 20 分钟，到达山上的荫山街。下车再次购票，花 15 元，乘坐山上的景交车，走环形路线，共去 6 个景点，分别是：毛主席下榻处、旭光台、蒋介石官邸、白云山馆、莫干山会议旧址、大坑景区。

江南地区在夏初梅子成熟的时候，会有一个阴雨连绵的梅雨季节。其实，江南地区还有一个春雨季，就是每年春节后不久，会有大半个月到一个月的时间，都是断断续续的阴雨天。等这个雨季过去后，很快就是五一，天也热了。所以说，江南的春天，阳光明媚的日子特别少。我这次来就赶上了春雨时节，云雾缭绕，看不清远处的风景。

旭光台，是看日出和远景的地方。来莫干山的那一天阴雨霏霏，迷雾茫茫，啥也看不见。武陵村有蒋介石的官邸，叫松月庐。莫干山会议旧址是一个教堂。1984 年 9 月初，在这里召开了一次特别会议——全国中青年经济科学工作者学术讨论会。

剑池是莫干山景区的最后一个景点，需要沿着小溪步行下山到山腰。一个小瀑布，一个雕塑，展示的是 2500 年前莫邪干将的故事。而这个故事，是历史还是神话传说，现在还无法确认。据当地人说，莫干山就是由二人的名字而来。

来莫干山景区主要是看别墅。这些别墅，大都是一百年前兴建的，总共有一两百栋。其中有 20 多栋已成为文物，以莫干山别墅群的名字成为全国重点文物保护单位。莫干山上也是避暑的好地方，这里海拔五六百米，比上海杭州市区要凉快一些。

南浔古镇（李游指数 89.965）

1852 年，28 岁的南浔人刘镛开始闯荡上海滩。作为一个普通老百姓家的孩子，这时的他，还只是一个草创公司的小老板。此时的上海已有众多外商，聪明能干的刘镛很快就和洋人搭上了线，成为当地最早直接做外贸的南浔人，这也使他最终成了南浔最富有的人。在他年老的时候，他的财富高达 2000 万两白银，真是富可敌"省"啊。他除了为子孙捐了好几个三四品的官位，也捐资赈灾，多有善举。为此，清末皇帝多次颁发圣旨予以表彰，并为其家庙御书牌匾。这些和家庙门口的御赐牌坊，都彰显了刘家不仅有钱，也很有社会地位。

位于景区内的小莲庄和嘉业藏书楼，就是刘镛当年的私宅。在参观刘家的家庙时，展示资料里提到刘氏家训里的几句话，让我印象深刻："刘氏清白传家，后世子孙可以从事士、农、工、商等业，即便贫穷也可依靠族中义田资助，学一门手艺谋生。对于从事乐伎、衙役、盗贼等下流龌龊职事的一律逐出宗族。"古人对各种职业的判断，还真是通透啊。

刘镛很长寿，从 1825 年到 1899 年，活了 75 岁。他的身体也很好，我记得他最小的儿子是在他 67 岁那一年出生的。虽然刘镛富贵一生，但他的子孙后代里好像没有再出过大富大贵的人物了。

距离小莲庄不远，是古镇上的另一个大户人家，张家。张家的富贵是从张颂贤开始的，他与刘镛是同时代的人。张颂贤当年花钱盖了一处大宅院，张石铭作为长孙，继承了爷爷张颂贤修建的这个院落，也就是今日看到的懿德堂。

张颂贤还有一个孙子叫张静江。张静江 1877 年出生在南浔的尊德堂，也就是今日的张静江故居。他终身残疾，不仅腿脚不好，眼神也不好。跟随父亲从事外贸生意，有一次去了法国，还在巴黎当地开设商行赚钱。1905年冬，张静江结识了孙中山，还出资支持他的革命事业。

张静江故居附近还有一个金宅，现在做了"南浔家风传承馆"。金家后代没有富豪和权贵人物，但是出了很多文艺人才，有几个著名的书画家。刘氏梯号，也是一所豪门宅院，是刘镛的三儿子的，也叫红房子。里面有民国时期风格的红砖房，很好看。张石铭旧宅里，也有一个这样的二层小楼。

古镇除了这几个大户人家的院落，还有一个广惠宫，两个与丝业有关的行业公馆，也都是百年前的古建筑。当然，作为江南古镇，白墙灰瓦石板路，也是少不了的。

嘉业堂藏书楼及小莲庄、南浔张氏旧宅建筑群、尊德堂、大运河（丝业会馆），都是全国重点文物保护单位。

中国古代的丝绸和瓷器产品，受到全世界权贵人士的青睐。南浔所在的周边地区，是中国优质丝绸的原产地。这里在清末时期能诞生那么多富豪，与这里出产上好的生丝大有关系。一个有故事有人生的古镇，才是真正有吸引力的古镇，南浔古镇，就是这样的地方。认真游览，需要一整天时间。门票95元。

湖州市区

吴兴区是湖州市政府所在地，位于浙江省北部，太湖南岸。

湖州城区不算大，总体上还是从中心老城区向四周扩散发展的模式。以市政府为代表的文体中心，都在城市北边。南边是山，山里有很多公墓。

西边是高速公路和铁路,东边是一片开阔的平原。吴兴区政府,已搬迁到了东边的这片平原上。区政府再向东就是织里镇。这是湖州第一大镇,人口最多,经济最发达,有全国知名的童装市场。这个镇区建设得非常好,超过内地很多县城。湖州最繁华热闹的地方,还是老城区爱山广场周边这一块。湖州市区目前最高的楼,是200多米高的双塔建筑——东吴国际广场。只看这个建筑的名称,还以为是苏州的呢。其他的高端商务楼也有一些,但不算很多。我个人感觉,湖州是一个经济发达、繁华热闹、舒适宜居的中小城市。

法华寺(李游指数 90.644)

虽然江南寺院很多,但游览体验好的并不多。普陀山和灵隐寺过于嘈杂,雪窦寺因过于铺张显得空荡,昭明禅寺的生活氛围过于浓厚,国清寺和天童寺有些陈旧,径山寺的奢华让人有距离感。而大部分普通寺院,又有点冷清和破败。法华寺虽然也算不上完美，但寺院的前半段，就是从寺院大门到大雄宝殿这一段，感觉特别好，如果说有不足的地方，就只差一个合适的背景音乐了。进入大雄宝殿之后，就觉得没有那么好了，再到后面发现还在施工中，感觉更不好。但前面那一段的细节几乎完美，让人极为愉悦。

站在法华寺大门前，能看出来这个寺院小而精致，内敛含蓄。一般来说，寺院门太大，会让人觉得有点浮夸；而门太小，又显得小气。在门外什么都看不到，显得过于神秘，让人望而却步；而在门外就能将院内景致一览无余，也不好，有肤浅之嫌。法华寺的这个大门就很合适，站在门外，能看到寺院深处山上的塔，但如果想知道具体的建筑和布局，还应进门细细观赏。而且这个大门也极为精致，各个细节，都有寓意和讲究。

进入大门是一个长长的甬道，甬道的长短宽窄都恰到好处。甬道过长，让人走着太累，也有点故意难为人的感觉，比如宁波天童寺，过了山门要走好久的路才能看到寺院。甬道过短，又有点多此一举、毫无意义的感觉，就像天台的国清寺。甬道太宽，显得空旷，不能聚拢人气；甬道过窄，又会让游客有拥挤感。这个甬道的左侧是长廊的样式，夏天不晒太阳，雨天不淋雨。右侧是一个小台阶，有绿化景观，使整个甬道具有美感，像一个江南园林风格的院子，很有品质感。快进入寺院中心之前，甬道左侧有一个朝山会馆，门锁着。从窗口看，里面有一个立柱雕塑，主题是白雀听经，很是少见，极为好看。这是一个自西向东方向的甬道，甬道尽头，过一个门，才是寺院的中轴线。从侧面进入主院落，这种建筑布局很好，让人有豁然开朗之感。

寺院背北面南，最南面是一堵墙，墙下有7座塔。东墙上，几个大字格外醒目："八百里湖山第一人间"，这也是从甬道进入后看到的第一眼。向北望去，哇，真是壮美。两颗大树，天王殿，晨钟暮鼓，放生池，天桥，尽收眼底。天王殿、钟楼、鼓楼，都是重檐歇山顶的建筑结构，2019年翻修，新刷的涂料，黄墙红檐灰瓦，在阳光的照射下，颜色格外鲜亮。两侧有多个石碑，其中一个刻着寺院的规约，核心意思是鼓励僧侣多去别的寺院出游学习。

后面的大雄宝殿，是三重檐歇山顶建筑，内部空间极高，建筑宏大壮观。大雄宝殿和天王殿内，不论是各个塑像，还是神像前面的供奉桌，包括供奉桌上的木雕、摆在供奉桌上的青瓷瓶、瓶内的镀金荷花，都极为讲究，精致美观，又庄严神圣。

纯阳宫（李游指数 70.999）

纯阳宫也叫古梅花观，始建于两百年前，是道教全真龙门派在江南的活动中心。道观外观朴素，房屋较多。门口侧面，有供奉月下老人的姻缘阁，有道人研修的丹桂苑，有玄帝阁。主体建筑是两进结构，山门后面就是主殿，主殿内悬挂"玉清赞化"匾额。

飞英塔（李游指数 88.944）

飞英塔是全国重点文物保护单位。这是一个全国现存唯一的"塔里塔"双塔结构的古塔。外面看到的这个塔是砖木结构的，内部中空部分还有一个石塔。最先建的，是里面的石塔。据说唐朝时期有一位僧人从西安得到一高僧的 7 颗舍利，为保存舍利，便在此地建了这个石塔。后来，因石塔顶部总有神光出现，到了北宋时期，就在石塔外面又建了一个砖木塔，把石塔包裹在里面。这就形成了"塔里塔"的特殊结构。塔名"飞英"，取自佛经中的"舍利飞轮，英光普现"。

南宋时期，里面的石塔毁坏，世人用太湖石重新雕刻叠垒而成，八面五层，高 14.5 米，仿木构楼阁式，通体雕刻佛教图案。石塔现在已有些破损。外塔自北宋建成后，多有修缮。1986 年，大修过一次。外塔砖身木檐楼阁式，八面七层，高 55 米。

楼下花 20 元购买门票，可以进入塔内，登临各层观光。塔内的楼梯很窄，还是有点吓人的。不过，进入里面可以看到古人建造的塔中塔结构，非常特别。站在塔顶的露台，看看湖州的城市风光，很是惬意。

胡瑗墓（李游指数 79.616）

胡瑗（993—1059）北宋著名教育家。说实话我以前并没有听说过这个历史人物。从古梅花观去万寿禅寺的路上，看到了路边的一个指示牌，写着"胡瑗纪念园"。当时正在开车，一闪而过，但也记住了位置。在湖州博物馆参观后，知道了这个人在湖州的经历，于是专程来游览一番。

胡瑗墓是省级文物保护单位。墓建于宋代，元代被毁，现存模样，是1994年重修的。醒目的石牌坊是入口，旁边有胡瑗的塑像，一条百米长的神道两侧翠柏苍天，神道尽头，上两层台阶，即是墓室。圆形墓堆前的石碑上书"宋胡文昭公之墓"。

胡瑗，出生于江苏省如皋市一个官吏家庭，天资聪慧，潜心读书，谁知命运弄人，参加科举居然7次不中。40岁，他放弃科举之路，自己创办书院，教书育人。42岁到苏州闯荡，继续讲学。著名历史人物范仲淹此时调任苏州，建立了当地最好的学校，聘请胡瑗来当老师，并把自己的儿子送进学校，拜胡瑗为师。胡瑗虽然科举屡败，但确实博学多才，在范仲淹创立的这所学校里用心教授，获得了社会各界的认可，也得到了范仲淹的赏识。

两年后，范仲淹推荐他到首都开封，参与雅乐改进的事宜。因工作出色，被破格提拔为从八品的校书郎，后跟随范仲淹多年，后被范仲淹的好友，当时的湖州太守邀请来湖州的官办学校教学。这一来，他就待了12年，从1041年到1052年。

在湖州教学期间，胡瑗提出了这样的教育思想：致天下之治者在人才，成天下之才者在教化，教化之所本者在学校。他还提出了"明体达用"的教学理念，分科教学，把所学内容分为经义和治事两科。经义，负责讲授儒家经典；治事，负责讲授治兵、治民、水利、算术等。这在当时是非常先进的教育思想和教育理念。难怪范仲淹这么欣赏他，看来确实是人以类聚物以群分，英雄惜英雄，人才爱人才。1052年，60岁的胡瑗离开湖州，到首都开封上班，负责当时国家最高学府太学的教学工作。在京城的6年，他桃李满天下。太学的特殊背景，使他的大多数学生都成了朝廷官员。他积劳成疾，最后去杭州找儿子养病，死于杭州。他最终选择埋在湖州，我想，可能是因为他这一生最美好的时光，是在湖州度过的。

胡瑗，为中国古代教育事业做出了重大贡献，教育家的称号，受之无愧。

舟山市

舟山市位于浙江省东北部,北边是上海,西边是宁波市。舟山市是地级市,下辖两区两县,分别是普陀区和舟山市政府所在的定海区,岱山县和嵊泗县。舟山市共有 31 个景点,我用了 15 天的时间来游览和感受。从全国的视角来看,舟山最令人向往的是普陀山和天然的海岛风貌。普陀山,吸引了很多游客,大部分都是来烧香拜佛、祈福求愿的。观音法界,是整个舟山所有景点里面我最喜欢的一个。至于舟山的海岛游,我觉得一般,因为海水浑浊,不够干净湛蓝。

我对舟山 31 个景点的排名如下:

1
观音法界
李游指数
98.319

普陀区

2
普陀山景区
李游指数
92.444

普陀区

3
枸杞岛
李游指数
86.430

嵊泗县

4
岱山县城
李游指数
86.309

岱山县

5
磨心山景区
李游指数
86.011

岱山县

6
秀山岛
李游指数
81.303

岱山县

7
和尚套景区
李游指数
80.892

嵊泗县

8
舟山博物馆
李游指数
80.523

定海区

9
佛学院
李游指数
80.363

普陀区

10 普陀城区 李游指数 80.094 普陀区	**11** 中国海岬公园 李游指数 80.024 岱山县	**12** 东沙沙滩 李游指数 79.804 普陀区
13 衢山岛 李游指数 79.055 岱山县	**14** 东极岛 李游指数 79.004 普陀区	**15** 南沙景区 李游指数 78.901 普陀区
16 乌石塘景区 李游指数 77.585 普陀区	**17** 大青山景区 李游指数 77.415 普陀区	**18** 舟山新城 李游指数 76.388 定海区
19 鹿栏晴沙景区 李游指数 76.107 岱山县	**20** 基湖沙滩 李游指数 75.334 嵊泗县	**21** 花鸟岛 李游指数 74.199 嵊泗县
22 马岙博物馆 李游指数 74.005 定海区	**23** 定海城区 李游指数 70.665 定海区	**24** 桃花寨景区 李游指数 70.333 普陀区

25
鸦片战争遗址公园
李游指数
69.110

定海区

26
中国灯塔博物馆
李游指数
68.044

岱山县

27
嵊泗县城
李游指数
67.191

嵊泗县

28
东沙古镇
李游指数
63.777

岱山县

29
中国台风博物馆
李游指数
62.993

岱山县

30
中国海防博物馆
李游指数
47.800

岱山县

31
普陀博物馆
李游指数
28.155

普陀区

舟山市区

舟山市的两个区都在舟山主岛上,一个是西边的定海区,一个是东边的普陀区。舟山市在定海区与普陀区中间的一块空地上,建了一个新城,新城所在位置,刚好是东西两区的中心地带,相距两区距离都是十公里左右。

舟山新城大约是从 2005 年开始建设的，现在已建得非常好。中心位置是市政府、市级各大机关单位和文体中心，周边是十几栋高端的商务大楼和酒店，还有洋房和别墅小区，再外围是普通高层住宅小区。南侧距离不远，有个长峙岛。岛的东侧是新建的浙江海洋大学，中部是绿城开发的如心小镇，周边都是高档洋房和别墅小区，看着品质很好。新城到处都很新，但就是感觉缺少人气。市政府后面的银泰百货和凯虹广场，周末也没什么人。

普陀山景区（李游指数 92.444）

普陀山景区是一个南北五公里长，东西两公里宽的海中小岛。从舟山市区的主岛过跨海大桥，不远就到了景区停车场。停车场很大，计时收费，挺贵的。网上购票，220 元，包括了往返的船票和景区大门票。检票进入码头，排队上船，大概十几分钟，就到了普陀山景区。

普陀山景区的自然风光较好，但很多游客来这里，主要是为了去寺庙烧香的。中国四大佛教圣地即五台山、普陀山、峨眉山、九华山，我都去过，但因为去峨眉山已是十多年前，没什么印象了。我感觉普陀山和五台山比较像，不是山上只有一座寺院，而是有一个寺院群。所以，如果你有明确要去的寺院，烧香拜佛加游览，一天的时间足够了。如果你只是随便看看，一天也够了。但如果你想比较全面认真地游览整个普陀山景区，那应该需要三天的时间。

我花了两天游览这里，还有一个想去的地方没有去成。第一天我游览了短姑码头、普济寺、南海观音、法雨寺，第二天我游览了慧济寺、宝陀讲寺、不肯去观音院。本来还想去洛迦山的，那是另外一个小岛，在普陀山东边6公里的地方，需要在短姑码头买船票才能过去，船的班次较少，只有上午七点半到九点四个班次，中午十二点到一点半三个班次，其他时间没有船。我下午到码头的时候，已经没有船了，无法前往，只好放弃。洛迦山作为一个景点，最大的看点在于，从远处看起来，像是一个仰面躺在海中的佛。在快到南海观音的路左边，可以看到洛迦山岛，确实有点意思，左边是"头"，中间是"身躯"，右边是"脚"。

普陀山给我的最大感受，就是人真多呀。特别是几个知名寺院，人挤人，好多香客用双手虔诚地举香，拜佛祈福，像我这种纯粹来游玩的人很少。但也有几个寺院，相比之下就有点冷清。哪怕像宝陀讲寺，建设得这么富丽堂皇，宏伟绚丽，位置就在公交站旁边，也依然没有什么游客。岛上各个寺院之间相距较远，需要乘坐景区的公交车，近的5元每次，远点的10元每次，但节假日肯定是要排队一个小时才能上车。"热门"寺院门口都有很多店铺，饮食价格很贵，平常超市3元一瓶的可乐，这里卖15元。慧济寺在山顶，有缆车可以乘坐，往返70元。缆车是新建的，快捷舒服。多个寺院门口还需要再次单独购票，而且，只收现金，虽然只有五六块钱，但需要再次排队，让人感觉很不爽。

普陀山景区有一二十个寺院，游客最多的是这五个：普济寺、法雨寺、南海观音、不肯去观音院、慧济寺。

普济寺门前有很大的一个放生池，池中有两座桥，其中一座是江南常见的半圆形单孔石拱桥，另外一座石板平桥，中间有一个特别的八角亭，名叫定香亭，亭内顶部彩绘的圆形藻井值得一看。池南侧，有一个重檐歇山顶阁楼的御碑亭，好像是清朝的。定香亭北侧是普济寺的山门，三开间结构，重檐歇山顶，黄墙红柱黄瓦，上

挂"普济禅寺"匾额，因疏导人流，前后门都已封闭，山门无法参观。山门里面的牌匾上写的是"普门总持"。山门后面是天王殿，再后面的建筑是法堂，悬挂两个匾额，分别写着"教及神州"和"化雨频施"。这几栋建筑也都是重檐歇山顶，只有圆通宝殿是黄色琉璃瓦屋顶，其他两栋建筑都是青色琉璃瓦屋顶。院子里有几棵树龄在百年以上的参天古树，给这个寺院增添了沧桑感。

　　法雨寺最前面是写着"海天佛国"的石牌坊，然后，跨桥过放生池，进入一个拐弯的甬道，尽头是山门。重檐歇山顶阁楼，红墙黄瓦，上书四个大字"天华法雨"。进入山门后是一个大院子，豁然开朗。这里的位置基本是在寺院中轴线的侧面。院内古树参天，照壁上刻着九龙，寓意非凡。天王殿前方，左右各立一栋石经幢，经幢上的浮雕极为精美。天王殿前面的墙上，有四个草体大字"法雨禅寺"。天王殿后面是玉佛殿，重檐歇山顶红墙黄瓦建筑。玉佛殿后面是九龙宝殿，五开间黄墙棕柱黄瓦，重檐歇山顶建筑，宏大雄伟，里面供奉的是观音菩萨。菩萨塑像上面金色的九龙藻井，是清朝康熙年间（1699年）从南京明朝故宫里迁移来的，因此，叫九龙宝殿。宝殿后面，是一个黄墙黄瓦的读经坛。读经坛后面，是大雄宝殿，大雄宝殿是黄墙青瓦的。

山顶的慧济寺建筑和格局都较为简单，主体建筑只有两个，天王殿和大雄宝殿，都是单檐硬山顶建筑，屋檐较长，黄色琉璃瓦已有些褪色。南海观音是近年新建的一个大型户外佛像雕塑，大概三十米高。不肯去观音院，建筑小巧精致，仿唐风格，和旁边的潮音洞一起，构成了历史传说的实体展示。

公元763年，76岁的唐朝和尚鉴真在日本当时的首都奈良去世了。他老家是扬州的，他应日本僧徒邀请到了日本。虽然他在日本待了不到十年时间，却在日本留下了很多中国文化的元素，对日本造成了极大的影响，有些影响一直持续到现在。他是日本佛教律宗的开创者，也被日本医药界尊为始祖。公元863年，日本僧人慧萼从五台山请了一尊观音像，计划带回日本。行船到普陀山附近的海域，遭遇风暴，无法前行。慧萼认为，这是观音菩萨不愿意去日本的表现，于是就把这尊观音像供奉在今普陀山景区潮音洞附近。

这就是不肯去观音院的寺名来历，也是普陀山成为观音道场的缘由。

普济寺、普陀山多宝塔、法雨寺，都是全国重点文物保护单位。普陀山这么多寺院里，我最喜欢的是位于北边的宝陀讲寺。坐在宝陀讲寺后院大宝楼阁东侧长廊下面，看对面的风景，惬意极了。

观音法界（李游指数 98.319）

观音法界是一个刚刚建成的人造景区，据说总投资30多亿人民币，但门票只需30元。这一带是观音文化园，观音法界景区是这里的核心景观。

　　普陀山景区里烧香拜佛的游客特别多，普济寺是香火最旺的。方丈道慈法师认为这些钱来之于民当用之于民，因此，就有了这个观音法界。普济寺出钱，找了上海华东建筑设计院做设计总包和代建管理单位，设计院的院长张俊杰亲自担任该项目的负责人。有钱、有好的设计方案，还有能够确保好的设计得到落实的管理人，才有了可以让我们欣赏的好作品。

　　好作品，自己会说话。来之前我是不知道这个景区的，在去佛学院的路上发现了这样一个极为特别的建筑，立马掉头过来买票参观。

　　过了检票口，我就走不动了。太壮观，太美了，让我不得不停下来仔细端详一会儿。这个建筑叫圣坛。初看第一眼，只是觉得模样新奇，所以会不自觉地去看第二眼；第二眼开始有熟悉的感觉，好像是各种建筑风格的混搭；再看第三眼，发现顶上是一个类似唐僧戴的那样的帽子，金色的，里面还有佛像。往下是四个宝塔。塔只露出一半，塔两侧是金色火苗形状的装饰，再往下是金色的莲花宝座。最下面是圆形的底座。每一个部分都仿佛见过，但是，从未见过把这些东西糅合到一个建筑里，形成另外一种美。

　　我一路赞叹一路拍照，心想这样的建筑，里面一定也很吸引人。进入大厅发现，果真如此。四周是房间，中间镂空，由下到上逐渐缩小。内部的空间结构，震撼极了，每一个细节都体系着艺术元素。室内装饰和室外景观，细节展现都很好，不论是卫生间的壁灯，还是楼梯的扶手，都极有品质。淡雅中透着华贵，华贵中透着庄严，让人感觉眼睛都不够用了，看不够。

东极岛（李游指数 79.003）

东极岛位于舟山以东40多公里的海中，属于浙江少数几个远离陆地的岛。从舟山机场附近的朱家尖蜈蚣峙码头乘船过去，船票100多元，不到两个小时就到了。船在东极岛停靠三个地方，分别是庙子湖岛、青浜岛和东福山岛。三个岛的面积都不大，有四五平方公里。青浜岛和东福山岛上的居民很少，像个小村庄。庙子湖岛是东极镇政府所在地，岛上居民也不多，大概相当于两个普通村庄的规模。

浙江沿海的海水都是黄泥水，并且形成了倒灌，使得浙江所有江河的入海段有一二十公里的江水，也成了黄泥水。舟山群岛所在的海域，大多都是黄泥水。在去往东极岛的沿途，可以看到海水的变化，由刚开始的黄泥水，到灰青色的海水，到浅青色的海水，再到青色的海水。

庙子湖岛附近的海水是青色的，或者说是浅绿色的。东福山岛周边的海水是深绿色的，比庙子湖岛和青浜岛的海水更干净美丽。据说象山县的

渔山列岛比东福山岛的海水更漂亮,但渔山列岛只有周末才有少数船票,而且,不是每个周末都有船,所以我未能成行。对这里评分不高,是因为这里就是大海中的几个小岛,没有沙滩,没有特别的自然风光和人文历史。而且这里的海边都是岩石,并不是一个可以下海游泳的好地方。

磨心山景区(李游指数 86.011)

门票 40 元。据说下午四点多之后可免费进入。从大门口购票,开车进去,沿着盘山路一直开到山顶。这里海拔 250 米,是岱山岛最高的地方。山顶有两三座挨在一起的寺庙,有一个鸳鸯亭,有一座高高的黄塔。寺院旁边山坡上有一大片茶园,我去的时候正值采摘茶叶的农忙季节。山上的视野极好,可以看到山腰的水库,山下的县城,跨海大桥,远处的群岛和近处的茶园,景色美极了。

秀山岛（李游指数 81.303）

秀山岛位于岱山县城与舟山市区之间，从岱山可以开车越过跨海大桥直接过来，从舟山市区则需要通过三江码头开车坐船过来，花费 45 元，一二十分钟就到了。秀山岛的面积有 20 多平方公里，周边海域都是黄泥水，唯独秀山岛东边有两三公里长的海滩附近的海水还算清澈，且这一带沙滩平缓，可以下海游泳。这附近有三处沙滩，其中九子沙滩和爱琴海沙滩是开放的，君廷酒店旁边的沙滩好像只对酒店的客人开放。三个沙滩紧挨着，海水和沙子都差不多。沙滩旁边的别墅、洋房、度假村、酒店，建筑都很好看。尤其是爱琴海的半山别墅群，有着白蓝色调，很是醒目。

枸杞岛（李游指数 86.430）

枸杞岛位于嵊泗县城东边 30 公里的海中，距离上海陆地 80 多公里。从嵊泗县城的小菜园码头乘船过去，一个小时就到了。

枸杞岛和嵊山岛紧挨着，枸杞岛在西边，嵊山岛在东边，中间有跨海大桥相连。两个岛都不大，面积大概有五六平方公里，每个岛上都有几个村庄。这里的村民，大多以海水养殖贝类和外海捕鱼为生，旅游业也是重要的收入来源。这里的旅游业是近十年兴起的,旅游设施还不是很好。

嵊山岛有两个景点,一个是无人村,村子里的村民都搬走了,只剩下空房子,应该有好几年了,房子外面长满了爬藤类植物,到了夏天,所有的房子都被绿植包裹着,形成了一种特别的景观,被大家称为无人村,就这样成了一个景点。另外一个是西洋湾,是深入海中的一个小山头,没有特别的景观。嵊山岛上没有沙滩,镇上有一个带电梯的七八层的大酒店。

枸杞岛有三个景点,一个是海上牧场,就是当地渔民在海里的养殖场,海上漂着白色的圆球,一大片,挺壮观的。另外一个景点是山海奇观,这个景点很好。山顶有一个小寺庙,旁边有明朝时期的题刻。站在山顶上,视野极好,可以鸟瞰周边,景色很美。还有可看可玩的,就是沙滩。枸杞岛上有两三个沙滩,沙子金黄松软,海水碧绿,很不错。这里的沙滩都不大,差不多两三百米长。现在天冷,不能下水,听说夏天沙滩上都是人。

枸杞岛的沙滩,应该是整个浙江省所有海滩中最好的了。东极岛的东福山岛附近的海水,虽然更干净清澈一些,但那里没有沙滩。而其他有沙滩的地方,海水都没有枸杞岛这么干净。